성경적 영성 형성

성경적 영성 형성

초판1쇄 인쇄 2022년 6월 20일
초판1쇄 발행 2022년 6월 27일

지 은 이 오우성, 박민수
펴 낸 이 신일희
펴 낸 곳 계명대학교 출판부
출판등록 제347-1998-1호(1970. 9. 1)
주 소 대구광역시 달서구 달구벌대로 1095
대표전화 053-580-6233
팩 스 053-580-6235
홈페이지 www.kmupress.com

ISBN 979-11-6516-144-6 93230 정가 18,000원

성경적 영성 형성

오우성 · 박민수

계명대학교 출판부

저자 서문

21세기에 접어들면서 영성 분야에 대한 관심이 점점 커지고 있습니다. 이 추세에 맞추어 다양한 기독교 영성이 소개되고 있지만, 기독교 영성의 정체성과 목회적 실효성의 주제가 여전히 문제로 남아 있습니다.

이 책은 정체성이 불투명한 기독교 영성에 성경적 근거를 이론적으로 제시할 뿐 아니라 이 영성을 형성할 수 있는 실제적 원리와 지침을 제공하고자 한 것입니다. 이렇게 함으로, 학문적 영역에서 기독교 영성의 이론적 기초를 세우고, 목회적 영역에서 일반 신자들이 성경적 영성을 형성하는 수련을 할 수 있도록 계획한 것입니다. 성경적 영성에서 '성경적'이란 용어의 뜻이 너무 광범위하고 추상적인 점이 있으나, 이 용어는 기본적으로 기독교 영성이 성경의 진리에 근거해야 함을 강조한 것입니다.

이 책의 1부 성경적 영성 형성 이론 부분은 오우성 교수가 집필하고, 2부 성경적 영성 형성 실제 부분은 박민수 교수가 각각 집필한 것입니다. 이 책이 나오기까지 그간 기독영성상담연구소에서 강의와 실제 수업에 참여하여 여러모로 피드백해 준 연구원들에게 감사의 뜻을 전합니다. 그리고 이 강의를 듣고 그 내용을 필사해 준 연구소의 연구원들에게도 감사를 드립니다. 출판계가 심히 어려운 상황 가운데서도 이 책을 출판해 준 계명대학교출판부 여러분께 감사의 말씀을 드립니다.

저자 오우성·박민수

차례

머리말

지난 세기부터 우리는 이런 말을 자주 듣는다: 지성시대 이후에 감성시대가 오고 이제는 영성시대이다. 21세기에 접어들면서 영성이란 말을 많이 듣지만, 영성의 개념은 다양하고 혼란스럽다. 학자들은 영성이란 단어만큼 정의하기가 어려운 단어도 드물다고 한다. 이 다양하고 복잡한 영성 개념과 더불어 혼합적이며 신비주의적인 영성이 우리 주변에 만연하다. 그리스도인들은 다양하고 혼합적인 영성을 성경의 진리로 분별해야 한다. 그렇지 않으면 쉽게 미혹당할 수 있다. 이 다양하고 혼란스러운 영성개념을 성경의 진리에 근거해서 살펴보고자 하는 것이 성경적 영성(biblical spirituality)이다. 우리는 참되고 건전한 영성이 무엇인지를 성경의 진리에 비추어 분별해야 하기 때문에 성경적 영성은 영성비평적 성격을 띄고 있다. 영성개념은 하나님의 형상으로 창조된 인간이 그 형상을 회복하고자 하는 보편적 성향과 관련이 있다. 오늘날 종교, 문화, 사상을 초월해서 많은 사람들이 영성에 관심을 가지고 추구하는 이유는 인간이 하나님의 형상으로 창조되었기 때문이다. 사람이 하나님의 형상으로 창조되었기에 사람은 종교, 문화, 사상을 불문하고 하나님을 찾고자 하는 갈급한 심령을 가지고 있다. 성경적 영성은 우리 안에 창조된 하나님의 형상을 그리스도의 복음의 진리를 통하여 구체적인 삶 속에서 찾고, 영혼의 만족을 누리고자 하는 것이다.

오늘날 성경적 영성을 추구하는 또 다른 이유는 많은 교인들이 복음의 진리를 통하여 현실적 삶 속에서 기쁨과 능력을 누리지 못하기 때문이다. 우리 교회는 이제 1세기를 넘는 역사를 지니면서 교회의 제도가 점점 경직되어 간다. 이렇게 됨으로 교인들의 신앙과 삶이 분리되어 가는 현상이 심화되어 가고 있다. 이 문제는 교회생활을 오래 했음에도 불구하고 신앙과 삶이 성숙되어 가지 않는 데서 드러난다. 이것은 신앙생활의 햇수와 경륜이 신앙의 성숙과 삶의 변화를 이루어내지 못한다는 말이다. 이런 이유로 인해서 교인 개개인의 신앙과 삶에서 기쁨, 능력과 소망이 약해지고, 교회에 모이면 여러 가지 문제들이 발생한다. 우리 교회가 이런 문제를 직시하고 이에 대한 해결책으로 건전한 성경적 영성의 정립과 수련에 관심을 가져야 할 때이다.

바울은 빌립보 교인들에게 "너희는 그리스도의 복음에 합당하게 생활하라"(빌 1:27)고 당부했는데, 이것이 성경적 영성의 핵심이다. 칼빈은 영성을 경건(piety, godliness)으로 이해했는데, 칼빈에 의하면, 경건은 하나님을 경외하여 순종하는 마음이다. 이 영성은 세속성과 육신적 정욕과 대조되는 개념으로서 영적인 것을 개발하여 영적인 존재가 되는 것이다. 송영목에 의하면, "영성은 연습을 통하여 정복할 수 있는 '기교'라기보다는 성령 하나님을 의지하는 성도의 삶 자체이다."[01] 우리가 성령을 의지할 수

---

01 「칼빈과 신약교회」(기독교사상연구소, 2012), 98

있는 것은, 예수께서 약속하신 것처럼, 성령은 우리와 함께 거하시고 또 우리 속에 계시기 때문이다(요 14:17b).

디모데에게 준 바울의 교훈에서 바울은 "망령되고 허탄한 신화를 버리고 경건에 이르도록 네 자신을 연단하라 육체의 연단은 약간의 유익이 있으나 경건은 범사에 유익하니 금생과 내생에 약속이 있느니라"(딤전 4:7-8)고 하였다. 그는 경건을 이익의 수단으로 생각하는 것을 경계하고, 참된 경건은 자족하는 마음이 있어야 함을 말한다(딤전 6:5-6). 그리고 그는 말세에 "경건의 모양은 있으나 경건의 능력은 부인하는" 자들을 멀리 하라고 가르쳤다(딤후 3:5). 그는 경건의 교리적 신학적 본질을 경건의 비밀이라고 말하면서 예수 그리스도의 삶과 영광을 신조의 형태로 이렇게 요약했다: "그는 육신으로 나타난 바 되시고 영으로 의롭다 하심을 받으시고 천사들에게 보이시고 만국에서 전파되시고 세상에서 믿은 바 되시고 영광 가운데서 올려지셨느니라"(딤전 3:16).

야고보는 현실적 삶 속에서의 경건을 보다 구체적으로 이렇게 가르쳤다: "누구든지 스스로 경건하다 생각하며 자기 혀를 재갈 물리지 아니하고 자기 마음을 속이면 이 사람의 경건은 헛것이라 하나님 아버지 앞에서 정결하고 더러움이 없는 경건은 곧 고아와 과부를 그 환난 중에 돌보고 또 자기를 지켜 세속에 물들지 아니하는 그것이라"(약 1:26-27).

바울과 야고보의 교훈을 근거로 해 보면, 참된 영성은 본질적으로 바른 관계의 회복으로서, 바른 관계가 열리면 참된 영성이 형성된다고 할 수 있다. 관계가 열린다는 것은 막힌 담이 무너지고 서로 소통하며, 교제하며, 사귄다는 것이다. 이 관계의 첫째는 하나님과의 관계이고, 그리고 이웃과 세상과의 관계인데, 오늘날에는 자연과의 관계도 중요하다.[02]

인간은 하나님의 형상으로 창조되었기 때문에 영적인 갈급함을 가지고 있다. 성경에서 말하는 인간은 몸과 혼과 영의 전인적 존재로 창조되었다. 사도 바울은 우리가 전인적 존재로 창조되었기에 이것을 주님 오실 때까지 잘 보전해야 한다고 말한다(살전 5:23). 우리의 삶의 관점에서 보면, 참된 영성은 영, 혼과 몸의 바른 관계를 가지는 것이다.

그런데, 우리가 살아가는 현대 사회는 합리적인 이성과 신체적 건강을 추구하는 시대이기 때문에 몸과 혼은 개발되지만, 영적인 것을 삶 속에서 찾고 보전하는 데 어려움이 있다. 이것은 현대인의 세계관 문제이다. 우리 시대는 영적인 세계를 인정하지 않거나, 인정한다 해도 관심이 적다. 이러한 세계관은 인간관에도 영향을 미친다. 그래서 우리의 몸과 지정의를 관할하는 혼에 관해서는 끊임없이 연구하지만, 영의 분야에 대해서

---

02 영적 성숙 지수나 신앙 상태 측정 인터뷰 등 대부분의 영성 측정 도구들은 하나님과의 관계와 사람들과의 관계를 묻는 질문들로 구성되어 있다. [권택조, 「기독교 영성 신학」 (CLC, 2009), 49-57]

는 대체로 무관심하다. 그래서 많은 그리스도인들은 영적 진리를 이해하는 것이나, 그것을 현실에서 실천해 나가는 것에 어려움을 겪는다. S. 찬(Chan)이 그것을 잘 설명한다:

> 전형적인 개신교도의 반응은, 진리를 이해하는 그리스도인은 그것을 실천에 옮길 수 있다고 가정하는 것이다. 따라서 대부분의 설교는 듣는 사람들로 하여금 진리를 실천하도록 당부하지만 그 방법을 설명하지는 않는다. 그들은 현재 상태와 최종 목표 사이에 넓은 간격이 존재한다는 사실을 고려하지 않는다.[03]

우리는, 또한, 개인주의가 팽배한 시대를 살고 있다. 우리의 신앙은 개인적인 영역으로 내몰리어 신앙의 주제는 교인들 간에 교류가 적다. 그래서 교인들은 신앙의 문제에서 고립되고, 정체되어 무력화되어 간다. 우리가 예배를 드리면서 설교를 들을 때 말씀에 감동을 받지만, 우리들의 삶으로 돌아가면 감동도 사라지고 우리의 삶을 변화시킬 힘을 잃는 경우

---

03 S. 찬, 김병오 역, 「영성 신학」(IVP, 2012), 182

가 많다. 우리의 이런 삶의 패턴을 바꾸어 보고자 시도를 계속하지만, 그것이 쉽지 않기 때문에 만성적인 무력감과 자괴감을 가지게 된다. 이렇게 세월이 지나가면 신앙의 기쁨과 능력을 잃어간다. 그래서 우리가 설교를 듣거나 성경을 읽고 깨달은 진리를 우리들의 삶에서 실현해 나가기 위해서 영성수련에 대한 관심과 지도가 필요하다.

예수께서는 "네 속에 있는 빛이 어둡지 아니한가 보라"고 하셨다.(눅 11:35) 이 빛은 말씀 안에 있는 생명이다: "그(말씀) 안에 생명이 있었으니 이 생명은 사람들의 빛이라"(요 1:4). 마음에 있는 빛이 어둡다는 것은 생각과 느낌, 행동이 모두 어둡다는 것을 뜻한다. 사도 바울은 우리 스스로가 이것을 깨달아야 한다고 하였다: "너희는 믿음 안에 있는가 너희 자신을 시험하고 너희 자신을 확증하라 예수 그리스도께서 너희 안에 계신 줄을 너희가 스스로 알지 못하느냐 그렇지 않으면 너희는 버림받은 자니라."(고후 13:5)

우리가 믿음 안에 있고 신앙이 성숙하다는 것을 무엇으로 확증할까? 믿음의 확증은 영성의 점검이라 할 수 있다. 성경에서 가르치는 영성은 성령이 주체가 되어 우리가 말씀과 공동체를 통해 그리스도를 닮아가는 것이다. 그래서 성경적 영성에서는 성령, 말씀 공동체와 그리스도에 대한 깊은 이해가 있어야 한다.

I부

성경적 영성 형성 이론

1. 한국 교회의 영성
2. 성경적 영성론의 신학적 기초
3. 성경적 영성의 모형
4. 성경적 영성 형성의 주체
5. 성경적 영성 형성의 시작
6. 성경적 영성을 위한 인생 묵상
7. 성경적 영성 형성의 과정
8. 성경적 영성 형성의 목표
9. 종말(회복)과 소망의 영성

I부

성경적 영성 형성 이론

1. 한국 교회의 영성

성경적 영성은 성경의 진리를 구현하는 영성이다. 성경의 진리를 구현하는 방법은 다양하기 때문에 성경적 영성의 형성 방법도 다양하다. 성경적 영성을 알아보기 전에 한국 교회가 이해하고 있는 영성에 관해서 간략하게 알아본다.

1) 한국 교회 영성의 실상

한국 교회 영성은 전통적인 경건 훈련, 제자도 훈련, 오순절 영성, 해방 영성, 생태학적 영성 등이 있다. 우리 교회는 복음을 받아들인 후 1세기 동안 꾸준히 성장하면서 대내외적으로 괄목할 만한 성과들을 이루어

내었다. 그런 가운데 우리 교회의 독특하고 강한 영성 전통을 확립하였다. 그러나 20세기 말부터 우리 교회의 영성이 형식화, 세속화되어 가면서 주님의 비판을 면하기 어렵게 되어간다. 예수께서는 산상수훈에서 바리새적 유대교의 형식적 영성(주로 구제, 기도, 금식, 헌금)을 비판하셨다. 신앙이 세속적이며 신비주의적으로 변하면서 우리의 내면이 빈곤해지고 기쁨을 잃어간다. 이한수는 우리 교회의 영성 문제를 이렇게 진단한다:

> 한국 교회 통속적인 영성 개념 속에는 그래서 소위 '신령한' 사람의 증거는 뜨겁고 열정적인 찬송과 기도, 거룩한 것들과 속된 세상 일들을 구분하려는 이원론적 사고, 예언이나 방언 또는 신유와 같은 비범한 은사들을 일방적으로 추구하고 윤리적인 삶을 평가절하시키려는 시도, 개인 영혼 구원만을 목표로 삼고 사회활동에 대해서는 무관심한 태도, 금욕이나 금식기도를 치켜세우면서 기도원을 전전하는 금욕적 세상 도피주의, 예수를 믿으면 건강, 장수, 사업 성공과 같은 축복이 온다는 현세 구복적 태도 등이 깊이 자리잡고 있다.[04]

이한수의 올바른 지적을 보면서 건전한 성경적 영성의 확립이 필요하다는 사실을 절감하게 된다.

건전한 성경적 영성은 공동체 영성으로서 바른 관계를 기초로 하고

---

04 「신약은 성령을 어떻게 말하는가」(이레서원, 2001), 420.

있다. 이 관계는 하나님, 이웃과 세상, 그리고 자연과의 관계인데, 오늘날은 자연과의 관계가 상실된 것 같다. 많은 사람들이 자연과의 교감을 잃어버렸다. 오늘날 도회지에 사는 사람들은 공해와 야간의 불빛으로 밤하늘에 총총히 빛나는 별들을 보기 어렵다. 우리는 무수한 별들을 바라보면서 무한 광대한 우주와 영원을 생각할 마음과 시간의 여유가 없다. 우리가 그 수많은 별들을 바라볼 수 없다고 해서 그 별들이 존재하지 않는 것이 아니다. 실상 우리는 그 신비스러운 자연과 단절된 세상을 살고 있다.

사도 바울은 창조 세계 안에 있는 하나님을 분명하게 밝히고 있다: "창세로부터 그의 보이지 아니하는 것들 곧 그의 영원하신 능력과 신성이 그가 만드신 만물에 분명히 보여 알려졌나니 그러므로 그들이 핑계하지 못할지니라"(롬 1:20). 유해룡에 의하면,

> 피조물이 지니고 있는 가장 하찮은 속성으로부터 한 단계 한 단계씩 관상해 간다면 피조물이 지닌 가장 고상한 속성에로까지 이르게 되는데, 이를 통하여 할 수 있는 만큼 하나님이 지닌 거룩하고 가장 고상한 속성을 맛보게 된다. 단순히 생명을 보존하려고 꿈틀거리는 벌레에게서도 하나님의 능력을 엿볼 수 있다. 자연을 아름답게 수놓는 갖가지 수목에서도 하나님의 지혜를 엿볼 수 있다.[05]

05 「하나님 체험과 영성수련」(장로회신학대학교출판부, 2009), 97

자연과의 관계를 포함해서 하나님과 이웃과 세상과의 관계가 모두 열려있을 때, 신앙은 성숙할 수 있다. 그래서 관계성을 바르게 가지는 것이 영성수련의 목표다. 성경적 영성이 일반 영성과 차이가 나는 것은 개인이 영적인 수련을 통해 스스로 영성을 연마하는 것이 아니고, 성령의 인도로 하나님과 사람과 자연과 바른 관계를 맺는 것이다.

개인이 스스로의 노력을 통해 영성수련하는 것이 수덕영성이다. 이 영성수련에서는 기도, 금식, 묵상, 학습, 봉사를 통해 개인의 영적인 성품을 키워나간다. 그런데 이 영성수련에는 개인적인 노력이 부각된다. 루터는 영성수련이 자기 자신의 공로를 세우는 수단이 될 수 있음을 경고하였다. 자칫 잘못하면 영성사역의 주체가 우리 자신이 될 수 있다. 영성사역의 주체는 성령님이다. 영성수련이 자기공로가 되면 하나님과의 바른 관계가 어려워지고 자기 훈련이 교만으로 이어진다. 그 이유는, 영성수련이 성령의 능력으로 이루어질 때 하나님을 찬양하고 경배하지만, 자기의 능력으로 이루어질 때 피곤해지고 보상을 기대하기 때문이다.

누가복음 18:9-14에는 바리새인과 세리의 비유가 나온다. 이 비유에서 의롭다는 뜻의 '디키이오스'는 하나님과의 바른 관계를 의미한다. 하나님과 바른 관계를 가지는 것이 구원이다. 이 비유에서 예수께서는, 놀랍게도, 바리새인이 아니고 세리가 하나님과 바른 관계를 가졌다고 말씀하셨다. 바리새인의 죄성은 영적인 거룩함을 자기중심적으로 이용한 것이다. 말하자면, 그는 율법적 공로주의의 오류에 빠진 것이다.[06] 루터는 중세 카톨릭의 영성수련을 비판하며 이신칭의(오직 믿음으로 의롭다고 칭함을 받

06 오우성, 『성서와 심리학의 대화』(대한기독교서회, 2007), 61

음)를 강조하였다.

2) 영성의 분별 원리

영성 수련에서 경계해야 할 것이 있다. 이것은 다양한 이단적, 정령적, 범신론적 영성수련이다. 오늘날에도, 2세기의 영지주의나 몬타너스와 같이, 성경과 성령을 왜곡하여 사람들을 미혹하는 이단적 사이비 신앙이 많다. 대부분의 이단적 신앙은 신비한 영적 체험과 지식을 추구한다. 이 사상은 믿음이 아니고 은밀한 영적 체험과 지식으로 구원받는다고 가르친다. "…온전한 자들 중에서는 지혜를 말하노니 … 오직 은밀한 가운데 있는 하나님의 지혜를 말하는 것으로서…".(고전 2:6-7) 영지주의자들은 위의 말씀을 그릇되게 인용하여 구원은 믿음이 아닌 성령께서 주시는 은밀한 지식을 통해서 얻는다고 주장한다. 이 사상은 성령님에 대한 이해를 왜곡시켰다. 2세기의 몬타너스와 같이, 오늘날에도 자기 스스로가 보혜사 성령이라고 주장하는 사람들이 적지 않다. 성령님은 은밀한 구원의 지식을 주시는 분이 아니다. 이외에도, 우리는 영성 수련을 빌미로 자기 암시나 심리적 방어기제를 이용하는 등 심리적 정신적 조작과 왜곡을 경계해야 한다. 그리고 신비스럽고 특이한 종교적 현상들에 집착하거나 미혹되어서는 안 된다.

신비 영성은 환상, 꿈, 기적적 치유, 황홀경, 떨림, 실신, 유창한 언변 등과 같은 신비체험이나 특이 현상들을 추구한다. 이 영성수련에서는 사람의 본성이 신비적 체험에 집착하게 되고 그것들을 추구하게 된다. 이 영성은 신비주의적이며 개인화할 위험이 있다. 신비체험이나 특이 현상들이

반드시 은혜의 표적이라고 할 수 없고, 그렇다고 그것들이 사단적인 것도 아니다.[07] S. 찬에 의하면,

> 진정한 영적 경험은 진리, 진지함, 복종, 겸손, 그리스도 중심적인 태도와 같은 도덕적 특성들을 분명히 보여주어야 한다. 위조된 경험은 자만, 허영, 병적 호기심, 혼란과 우울, 너무나 쉽사리 이야기 해버리는 거짓된 겸손, 그리고 무례함이나 절망중 하나에 치우치는 극단적인 태도를 동반한다.[08]

S. 찬은 특이한 종교적 현상들을 분별하는 원리를 세 가지로 요약하고 있다:

> 첫째, 특이한 현상들이라고 해서 반드시 '영적'이거나 초자연적인 것은 아니다. ... 둘째, 어떤 현상에 대한 검증은 그것이 성경에서 발견되느냐가 아니라, 그것이 도덕적이고 신학적인 기준에 일치하느냐에 달려 있다... 우리는 사적인 계시와 공적인 계시를 구분할 필요가 있다.[09]

교회사적으로 보면, 참된 성자들의 경험 중에는 성경에서 발견되지

---

07 바울의 환상과 계시의 분별 원리에 관해서는 필자의 『바울의 영성신학』(계명대출판부, 2018), 199-211 참조

08 앞의 책, 288

09 앞의 책, 315-317. 보다 상세한 설명들이 제11장 영 분별에서 설명되어 있다.

않는 특이한 영적 경험들도 있었다. 그리고 사적인 계시는 반드시 공적인 계시에 근거해서 이해해야 한다. 이한수는 바울 서신들의 여러 구절들을 근거로 바울이 사적인 계시를 인정했다고 본다. 그 구절들 중의 한 구절은 에베소서 1:17-19이다:

> 우리 주 예수 그리스도의 하나님, 영광의 아버지께서 지혜와 계시의 영을 너희에게 주사 하나님을 알게 하시고 너희 마음의 눈을 밝히사 그의 부르심의 소망이 무엇이며 성도 안에서 그 기업의 영광의 풍성함이 무엇이며 그의 힘의 위력으로 역사하심을 따라 믿는 우리에게 베푸신 능력의 지극히 크심이 어떠한 것을 너희로 알게 하시기를 구하노라(엡 1:17-19).

그에 의하면, "여기서 '지혜'나 '지식' 또는 영적인 '이해'까지도 계시적 범주에 속하는 영적 은사인 것이 분명하다면, 바울은 일상 생활을 인도하고 참된 영적 이해를 갖도록 마음의 눈을 밝히는 '조명적 계시'까지도 포함할 정도로 계시 술어를 폭넓게 사용하는 것이 분명하다"[10].

그러나 사적인 계시는 정경적 계시 또는 공적인 계시의 권위에 종속되어야 한다. 이한수도 이 점을 분명히 하고 있다:

> 그럼에도 불구하고 그는 개교회에서 활동하는 선지자들의 권위를 상대화시키고 그들을 자신의 사도적 권위 아래 두고 있다는 사실을 주목해야 한다(고전 14:37ff). 이것

10 「신약은 성령을 어떻게 말하는가」(이레서원, 2001), 405

은 사적인 예언 계시의 권위를 성경의 정경적 계시의 권위와 동일한 수준에서 다룰수 없다는 바울의 분명한 인식을 시사해 주는 것이다.[11]

성숙한 그리스도인은 이러한 분별 원리를 숙지하고 이 원리에 의거해서 영적 체험이나 특이 현상들을 분별해야 한다. 우리는 예수 그리스도를 믿음으로 구원을 받되, 이러한 분별과 훈련을 통해서 영성의 주체이신 성령님이 우리를 그리스도의 형상으로 변화시키시고 그와 친밀한 교제를 하게 하신다.

이한수는 영성개념의 혼란을 극복하기 위해서 "신약성경의 교훈으로 돌아가 균형잡힌 영성 개념을 정립할 필요가 있다"고 주장한다. 그가 말하는 균형은 "삼위일체 신론과 영적 균형성", "회심 경험과 영적 균형성", "윤리와 은사 사이의 균형성", "바른 신앙과 바른 실천 사이의 균형성", "영광의 신학과 십자가 신학의 균형성", "'이미'와 '아직' 사이의 균형성", "감성주의와 지성주의 사이의 균형성", "사랑과 공의 사이의 균형성"이다.[12]

김정우는 그의 논문에서 다양하고 광범위한 영성의 개념과 성경의 영성을 분류 정리하고 그것을 기초로 하여 성경적 영성을 다음과 같이 종합했다: 성경적 영성은 "창조주 하나님과 피조물의 근본적인 구별이라는 인식론에 근거한 유신론적 영성"이며, "그리스도 중심적"이며, "성령론적"이며, "지정의를 포함하는 인격적"이며, "영혼과 육체를 함께 소중하게 생

---

11 위의 책, 406
12 위의 책, 420-446

각하는 전인성"을 추구하며, "하나님의 통치를 이 땅에서 실현하는 포괄성"을 추구하며, "우리의 일상생활 속에서 하나님과의 교통과 연합"을 추구한다.[13]

필자는 이상의 학문적 토론과 연구를 참고로 하고, 그간 이 주제와 관련하여 연구하여 출판한 「요한의 영성」(계명대출판부, 2016)과 「바울의 영성신학」(빛을여는책방, 2018)과 연계하여 성경적 영성을 다음과 같이 구상해 보았다. 성경의 진리에 근거한 성경적 영성을 정립하기 위해서는 무엇보다도 성경에 계시된 삼위일체의 진리와 성경적 인간관을 분명하게 밝혀야 한다. 그리고 성화의 주체가 되는 성령의 바른 이해가 필수적이다. 왜냐하면, 우리 교회는 편협되고 왜곡된 성령이해로 말미암아 교인들의 삶과 신앙에 참된 성숙이 일어나기 않기 때문이다. 구원사적 관점에서 볼 때, 성경적 영성은 새 언약을 성취한 예수 그리스도와 성령이 중심이다. 그래서 성경적 영성 형성의 주체는 성령이며, 그 목표는 예수 그리스도의 영성을 추구하여 그의 몸을 세우는 것이다. 성경적 영성론의 신학적 기초는 성경적 인간관과 삼위일체이다. 성경적 영성 형성 방법은 성경말씀을 묵상하고 그것을 근거로 인생을 묵상함으로 성령의 열매를 맺으며, 혼란한 때 소망의 영성을 추구하는 것이다. 이러한 영성론을 기초로 하여 필자는 10단계의 성경적 영성 형성 수련 프로그램을 개발해 보았다.

---

13 〔한국교회 영성의 현재와 미래〕 성경의 영성과 성경적 영성, 헤르메네이아 투데이 , 32, 2005.10, 72-86

2. 성경적 영성론의 신학적 기초

성경적 영성은 우리가 하나님의 말씀을 묵상함으로 성경의 진리를 깨닫고 그것을 우리의 삶에서 실현하는 과정에서 형성되는 영성이다. 그래서 우리는 먼저 성경에서 규정하는 하나님의 형상으로 창조된 인간의 본성을 살펴볼 필요가 있다. 성경적 영성 형성의 주체는 성령이시고 그 목표가 그리스도의 몸 세우기이기 때문에 신학적 기초로서 삼위일체론을 간략하게 살펴본다.

1) 성경적 인간관

성경적으로 인간의 본성은 이렇게 설명할 수 있다. 인간은 하나님의 형상으로 창조된 피조물이고, 죄로 인해 하나님의 형상이 훼손되어 회복되어져야 할 죄인이다. 하나님의 형상(the Image of God)으로 창조되었다는 것은 근본적으로 인간은 하나님과 소통할 수 있는 영적인 존재로 창조되었다는 것이다. 인간이 영적 존재이기 때문에 우리 속에 있는 영을 통해서 하나님과 교류함으로 인간 본연의 모습을 유지할 수 있다. 우리의 영은 혼과 몸을 통합하며, 하나님의 뜻에 합당하게 혼을 인도하게끔 창조되었다. 이 영이 죄와 세상의 영에 눌려서 쇠약하지거나 부재하면, 사람은 끊임없이 혼돈 가운데서 방황하며 정신적 신체적 병에 시달린다. 인간의 영이 공허하면, 삶이 그 유한성으로 인해서 무의미하거나 허무해지며, 죽음 불안과 두려움에 사로잡힌다.

기독교가 형성되던 시기의 지배적 인간관은 헬라적 인간관으로서 영육 이원론과 영혼불멸설이 주요 사상이다. 이에 비해서, 성경적, 히브리적 인간관은 유기체적 인간관으로서 영, 혼, 몸의 통합과 전인적 부활이 주된 사상이다. 여기서 영은 인간이 하나님과 교통하며 연합할 수 있는 기능을 가진다. 그리고 인간의 영은 통합적 기능, 즉, 몸과 마음의 조화와 통제를 주관하며, 영적 기쁨과 능력 등(찬양, 말씀 묵상)을 하나님으로부터 받는다. M. S. 플레처(Fletcher)에 의하면, "신약성경의 기자들에 따르면 인간 영에게 돌려지는 최고의 기능은 종교적 삶의 경험 가운데서 하나님과 교통하는 것이다."[14] 성경적 영의 개념은 하나님, 생명, 정신, 영혼의 개념과 관련을 가지지만 뚜렷한 차이점이 있다.[15] 혼의 세계는 지, 정, 의로 구성되어 있으며, 인지적 기능, 정서적 기능과 의지적 기능을 가지며, 영은 몸과 긴밀한 관계를 가진다. 그래서 다윗은 이렇게 노래했다: "이러므로 나의 마음이 기쁘고 나의 영도 즐거워하며 내 육체도 안전히 살리니"(시 16:9). 바울은 우리가 전인적 존재로 창조되었기에 영, 혼과 몸을 주님 오실 때까지 잘 보전해야 함을 말한다: "...너희의 온 영과 혼과 몸이 우리 주 예수 그리스도께서 강림하실 때에 흠 없게 보전되기를 원하노라"(살전 5:23). 바울서신에서 가끔 거룩한 영과 죄악된 육을 대조시키는 윤리적 이원론이 나타난다(롬 8:4-7, 13, 갈 4:29, 6:8 등). 그러나 바울의 인간관은 존재론적으로 삼원론적이다. 히브리서 기자는 하나님의 말씀이 "살아 있고 활력이 있어 좌우에 날선 어떤 검보다 예리하여 혼과 영과 및 관절과 골수를 찔러 쪼개기까지 하며"(히 4:12)라고 말했다. 인간은 영, 혼, 몸

---

14 「신약성경의 심리학」김재현 외 2인 역(빛을여는책방, 2018), 52

15 위의 책, 46-61

의 유기체적 존재이기 때문에 신체는 마음과 영의 영향을 받는다: "사람의 심령은 그의 병을 능히 이기려니와 심령이 상하면 그것을 누가 일으키겠느냐"(잠 18:14). 마찬가지로, 마음은 영의 영향을 받는다. 그래서 우리가 건전한 마음과 건강한 신체를 가지려면 영적인 것을 깨닫고 수련하고 누리고 개발해야 한다. 이렇게 보면, 영성수련은 마음과 신체의 문제와 병을 고쳐나가는 데 도움을 준다.

현대인은 몸과 혼에 대한 관심은 많지만 영에 대해서는 잘 알지 못한다.[16] 바울은 우리 속의 일은 영만이 알고, 우리는 영으로 기도하고, 영으로 찬송해야 하기에, 영이 중요하다는 것을 말한다: "사람의 일을 사람의 속에 있는 영외에 누가 알리요 ... "(고전 2:11); "그러면 어떻게 할까 내가 영으로 기도하고 또 마음으로 기도하며 내가 영으로 찬송하고 또 마음으로 찬송하리라"(고전 14:15). 성령께서 우리 속에 계시지만 우리 영과는 다른 분이다: "너희는 너희가 하나님의 성전인 것과 하나님의 성령이 너희 안에 계시는 것을 알지 못하느냐"(고전 3:16); "성령이 친히 우리 영과 더불어 우리가 하나님의 자녀인 것을 증언하시나니"(롬 8:16). 성령께서 함께 하시지 않으면 우리의 혼, 즉 마음이 변하지 않는다. 우리의 굳고 차가운 마음을 부드럽고 따뜻한 마음으로 변화시키는 분이 성령이시다: "또 새 영을 너희 속에 두고 새 마음을 너희에게 주되 너희 육신에서 굳은

16 국어사전에 나타난 영과 혼의 의미는 다음과 같다: "영—육체 속에 깃들어 생명을 부여하고 마음을 움직인다고 여겨지는 무형의 실체"; "혼—사람의 몸 안에 있으면서 그것을 거느리고 목숨을 붙어있게 하며 죽어도 영원히 남아 있다는 비물질적이고 초자연적인 존재"(다음국어사전). 여기서 보면, 영과 혼의 사전적 의미는 큰 차이가 없다. 이것은 일반적으로 영과 혼이 뚜렷하게 구별되지 않는다는 것을 의미한다. 어떤 국어사전을 보면, 영은 별도의 의미나 정의가 없고 그저 '신령, 심령, 영혼의 준 말'로 되어 있다. (『동아새국어사전』(두산동아, 1997), 1462

마음을 제거하고 부드러운 마음을 줄 것이며"(겔 36:26).

우리 시대가 영에 관심이 적은 것은 하나님의 형상이 훼손되어 하나님과의 관계가 단절되었기 때문이기도 하다. 사람들은 하나님과 관계가 차단되었기에 하나님을 두려워하며 본능적으로 거부한다. 시내산에 임재하신 하나님은 이스라엘 백성들에게 두려움을 느끼게 하였기 때문에 그들은 하나님을 피하게 되었다: "뭇 백성이 우레와 번개와 나팔소리와 산의 연기를 본지라 그들이 볼 때에 떨며 멀리 서서 모세에게 이르되 당신이 우리에게 말씀하소서 우리가 들으리이다 하나님이 우리에게 말씀하시지 말게 하소서 우리가 죽을까 하나이다"(출 20:18-19). 예수께서 이 사실을 잘 아셨다: "다만 하나님을 사랑하는 것이 너희속에 없음을 알았노라"(요 5:42). 그러나 이 하나님은 독생자를 보내심으로 인류의 죄를 사해주신 사랑의 하나님이시다. 그리고 이 하나님은 성령을 보내셔서 우리를 위로하시고, 보호하시고, 도우시며, 우리를 위하여 대언케 하신다. 그리고, 무엇보다도, 성령께서 하나님의 말씀을 깨닫게 하신다.

인간은 유한한 피조물이기 때문에 창조주 하나님을 기억해야 하고, 타락한 인간이기에 구속자 예수 그리스도가 필요하고, 구원받은 자로서 혼자 그 구원을 이루어 갈 수 없기에 성령의 도우심과 인도하심이 있어야 한다. 인간은 피조물이기 때문에 유한하고 연약할 뿐 아니라, 언젠가는 그 존재가 죽음으로 끝나는 필연성을 가지고 태어난다. 이렇게 태어난 인간은 누구나 이 사실을 의식적으로나 무의식적으로 인식하고 체험할 수 밖에 없다. 성경적 영성은 우리가 하나님의 형상으로 창조된 유한한 피조물임을 인식하고 창조주께 의존하는 영성이다. 창조주께서 우리에게 주신 생명과 이 우주만상은 참으로 놀랍고도 신비스럽다. 시편 저자는 경이로운 창조에 대해서 잘 표현하고 있다:

주께서 내 내장을 지으시며 나의 모태에서 나를 만드셨나이다. 내가 주께 감사하옴은 나를 지으심이 심히 기묘하심이라 주께서 하시는 일이 기이함을 내 영혼이 잘 아나이다 내가 은밀한 데서 지음을 받고 땅의 깊은 곳에서 기이하게 지음을 받은 때에 나의 형체가 주의 앞에 숨겨지지 못하였나이다 내 형질이 이루어지기 전에 주의 눈이 보셨으며 나를 위하여 정한 날이 하루도 되기 전에 주의 책에 다 기록이 되었나이다(시 139:13-16).

요한에 의하면, 이 세상 만유는 하나님의 말씀으로 창조되었다: "만물이 그로 말미암아 지은 바 되었으니 지은 것이 하나도 그가 없이는 된 것이 없느니라 그 안에 생명이 있었으니 이 생명은 사람들의 빛이라"(요 1:3-4).

구상 시인은 말씀으로 창조된 이 피조세계의 신비를 아름답게 묘사하고 있다:

말씀의 실상(實相)

영혼의 눈에 끼었던 무명(無名)의 백태가 벗겨지며
나를 에워 싼 만유일체(萬有一體)가 말씀임을 깨닫습니다.

노상 무심히 보아오던 손가락이 열 개인 것도
이적(異蹟)에나 접하듯 새삼 놀라웁고

창밖 울타리 한구석 새로 피는 개나리꽃도

부활의 시범을 보듯 사뭇 황홀 합니다
창창한 우주, 허막(虛莫)의 바다에 모래알보다도 작은 내가
말씀의 신령한 그 은혜로 이렇게 오물거리고 있음을

상상도 아니요, 상징(象徵)도 아닌 실상(實相)으로 깨
닫습니다.[17]

사람이 아무리 큰 능력과 지혜, 지식과 권세를 가지고 있다 할지라도, 사람의 생명은 시작과 끝이 있으며, 그의 생존은 끊임없이 위협을 당하고 있다. 우리는 우리의 이러한 본질을 깊이 인식하고, 창조주 하나님을 매사에 인정하고, 그분의 인도함을 받고자 하는 겸손한 삶의 자세를 익혀야 한다.

D. 본회퍼(Bonhoeffer)는 우리가 겸손해야 할 이유를 이렇게 설명한다:

> 눈에 보이는 그같이 사소한 일을 도와 주느라고 제 귀중한 시간을 공연히 허송한다고 걱정한다면, 그것은 대체로 자기 자신의 일을 지나치게 중요시하는 것이 됩니다. 우리는 하나님께서 우리를 방해하실 때가 있을 줄을 미리 알고 있어야 합니다. 하나님은 거듭 거듭, 아니 날마다 우리의 앞길을 가로지르시고 우리의 계획을 가로막으십니다.[18]

---

17 구상, 구상(문학사상사, 2002), 198
18 「신도의 공동생활」 문익환 역(대한기독교서회, 1995), 130

그래서 우리는 어떤 상황 가운데서도 자신의 생각과 감정을 앞세우지 말고, 하나님의 말씀에 순복하는 자세를 가져야 한다: "너는 마음을 다하여 여호와를 신뢰하고 네 명철을 의지하지 말라 너는 범사에 그를 인정하라 그리하면 네 길을 지도하시리라"(잠 3:5-6).

2) 삼위일체

성경적 영성은, 또한, 삼위일체의 영성으로서 성부, 성자와 성령의 협동 사역을 전제로 한다. 그래서 성경적 영성수련은 관계훈련이라고 할 수 있는데, 이 관계는 삼위일체 하나님의 사역에서 잘 나타나 있다.

"그러므로 너희는 가서 모든 민족을 제자로 삼아 아버지와 아들과 성령의 이름으로 세례를 베풀고"(마 28:19) - 선교명령.

"예수께서 세례를 받으시고 곧 물에서 올라오실 새 하늘이 열리고 하나님의 성령이 비둘기 같이 내려 자기 위에 임하심을 보시더니 하늘로부터 소리가 있어 말씀하시되 이는 내 사랑하는 아들이요 내 기뻐하는 자라 하시니라"(마 3:16-17) - 협동사역.

"주 예수 그리스도의 은혜와 하나님의 사랑과 성령의 교통하심이 너희 무리와 함께 있을지어다."(고후 13:13) - 축도.

이 축도 중 성령의 '교통하심'은 헬라어 코이노니아(koinonia)의 번역인데, 공동번역은 성령께서 이루어 주시는 '친교'로, 현대인의 성경과 새번역은 성령님과의 '사귐'으로 번역하고 있다.[19] 오늘 우리 신앙에서 깊이

---

19 이 용어를 King James Version에서는 'communion,으로, Jerusalem Bible과 New

생각해 봐야 할 것은 성령님과의 사귐이요, 친교요, 교통이다. 바울은 이렇게 묻는다: "너희는 너희가 하나님의 성전인 것과 하나님의 성령이 너희 안에 계시는 것을 알지 못하느냐"(고전 3:16). 우리가 하나님의 성전으로서 우리 안에 계신 성령님과 친밀한 교제를 계속해 나가면, 성령께서는 하나님께서 우리에게 주시는 놀라운 선물들과 능력과 지혜를 알게 하여 주신다:

> 기록된 바 하나님이 자기를 사랑하는 자들을 위하여 예비하신 모든 것은 눈으로 보지 못하고 귀로 듣지 못하고 사람의 마음으로 생각하지 못하였다함과 같으니라 오직 하나님이 성령으로 이것을 우리에게 보이셨으니 성령은 모든 것 곧 하나님의 깊은 것까지 통달하시느니라(고전 2:9-10).

성령님과의 친교는 성령 안에서 교인들 간의 교제로 이어진다. 이 교제는 성령을 통하여 말하고, 듣고, 이해함으로 교인들 상호 간의 사랑과 화평을 이루어 나간다. 교회에서 교인들 간의 교제가 신앙의 성숙을 위하여 중요하다.

요한복음에서 예수께서는 성령을 통하여 하나님을 아버지라고 100번은 넘게 부른다. 그는 고별담화(요 13장~17장)에서 마지막 유언의 말씀을 하시면서 삼위일체 복음을 전하신다. 유대교의 랍비는 그의 임종이 가

International Version에서는 'fellowship'으로 번역하고 있다.

까워짐을 알게 되면, 그가 일생 동안 터득한 오묘한 진리의 비밀을 수제자에게 은밀하게 가르쳤다고 한다. 성경의 은밀한 비밀은 신의 본질의 비밀, 창조의 비밀, 그리고 마지막 때에 대한 가르침이다. 예수께서는 삼위일체의 비밀을 그의 생애의 마지막인 고별담화에서 제자들에게 은밀하게 가르치셨다.

> 내가 아버지께 구하겠으니 그가 또 다른 보혜사를 너희에게 주사 영원토록 너희와 함께 있게 하리니 그는 진리의 영이라 세상은 능히 그를 받지 못하나니 이는 그를 보지도 못하고 알지도 못함이라 그러나 너희는 그를 아나니 그는 너희와 함께 거하심이요 또 너희 속에 계시겠음이라(요14:16).

이 말씀에서 삼위의 관계는 이렇게 말할 수 있다: 아버지 – 보내주시는 분, 아들 – 구하시는 분, 성령 – 우리와 함께 하시고 우리 속에 계시는 분.

사도행전에서는 이 삼위 하나님의 사역을 이렇게 나타내고 있다: "하나님이 오른 손으로 예수를 높이시매 그가 약속하신 성령을 아버지께 받아서 너희가 보고 듣는 이것을 부어 주셨느니라"(행 2:33); "하나님이 나사렛 예수에게 성령과 능력을 기름 붓듯 하셨으매 그가 두루 다니시며 선한 일을 행하시고 마귀에게 눌린 모든 사람을 고치셨으니 이는 하나님이 함께 하셨음이라"(행 10:38).

삼위 하나님은 모든 사역에서 협동으로 함께 사역하신다. 하나님은 독자적으로 일하는 것도 아니고 삼신(三神)도 아니다. 삼위 하나님은 단독사역이 아닌 협력사역을 하셨고, 서로의 관계 속에서 일을 하신다: "너희도 성령 안에서 하나님이 거하실 처소가 되기 위하여 그리스도 예수 안에서 함께 지어져 가느니라"(엡 2:22). 프란시스 쉐퍼(Schaeffer)는 이 진리를 잘 설명하고 있다: "그런즉, 성령님께서 내 안에 거주하시면, 나는 성령님과는 물론 아버지와 아들과도 교통하고 있는 것이니, 결국 3위1체 하나님과 온전히 교통하는 것이다."[20] 요한은 이것을 이렇게 증언하고 있다: "그의 계명을 지키는 자는 주 안에 거하고 주는 그의 안에 거하시나니 우리에게 주신 성령으로 말미암아 그가 우리 안에 거하시는 줄을 우리가 아느니라"(요일 3:24); "그의 성령을 우리에게 주시므로 우리가 그 안에 거하고 그가 우리 안에 거하는 줄을 아느니라"(요일 4:13). 그렇기에 구약을 성부시대, 신약을 성자시대, 현대를 성령시대라고 규정지을 수는 없다.

성경적 영성에서는 관계성이 중요하다. 구원은 바른 관계이다. 성경적 영성은 홀로, 독자적으로 덕을 쌓는 것이 결코 아니다. 예수께서 삼위의 관계에서 이것을 우리에게 친히 보여주셨다:"보혜사 곧 아버지께서 내 이름으로 보내실 성령 그가 너희에게 모든 것을 가르치고 내가 너희에게 말한 모든 것을 생각나게 하리라"(요 14:26).

예수께서 가르치신 것을 성령께서 생각나게 하신다. 제자들은 성령을 받은 후에야 예수님의 뜻을 알게 되었다. 그래서 성경말씀을 해석할 때에는 성령의 조명을 받아야 한다. 성령은 예수님 말씀의 해석자다.

> 그러나 진리의 성령이 오시면 그가 너희를 모든 진리

---

20 「진정한 영적 생활」 권혁봉 역(생명의 말씀사, 1988), 136

가운데로 인도하시리니 그가 스스로 말하지 않고 오직 들은 것을 말하며 장래 일을 너희에게 알리시리라 그가 내 영광을 나타내리니 내 것을 가지고 너희에게 알리시겠음이라 (요 16:13-14).

또한, 성령의 사역은 예수님을 증언하는 것이다: "내가 아버지께로부터 너희에게 보낼 보혜사 곧 아버지께로부터 나오시는 진리의 성령이 오실 때에 그가 나를 증언할 것이요"(요 15:26).

바울은 삼위 하나님의 사역을 그의 서신의 여러 곳에서 상세하게 설명하고 있다.

하나님께서 그리스도로 말미암아(갈 3:5), 즉 그리스도의 간구로(요 14:16) 성령을 보내 주셨다(살전 4:8, 딛 3:6). 하나님께서 성령으로 인치시고 보증으로 성령을 주셨다〔고후 1:22, 몸의 속량의 보증(고후 5:5), 우리 기업의 보증(엡 1:13-14)〕.

하나님께서 그 아들의 영(양자의 영)을 보내사 우리로 하여금 아빠 아버지라 부르게(기도하게) 하시고(갈 4:6, 롬 8:15), 예수를 주님이라 고백하게 하신다(고전 12:3). 하나님께서 지혜와 계시의 영을 주사(엡 1:17), 은밀한 하나님의 지혜를 보이시고(고전 2:10,) 그리스도의 비밀(이방선교)을 나타내셨다(엡 3:5).

하나님께서 그리스도를 영으로 의롭다 하시고(딤전 3:16,) 우리 마음판에 그리스도의 편지를 성령으로 쓰셨다(고후 3:3). 또 사역은 여러 가지나 모든 것을 모든 사람 가운데서 이루시는 하나님은 같으니, 각 사람에게 성령을 나타내심은 유익하게 하려 하심이다(고전 12:6-7).

성령께서 예수님을 증언하시기 때문에 확신 있는 설교는 성령께서 함께 하시는 설교이다. 사도행전에서 이것이 분명하게 드러나고 있다: 베드로의 설교, 스데반의 설교, 바울의 설교 등. 기독교의 진리는 하나님 아버지와 아들과 성령의 바른 관계의 진리이다. 성령은 성자 예수를 증언하고, 예수의 말씀을 해석하고, 깨닫게 하시고, 예수의 영광을 나타낸다. 그래서 W. 바클레이(Barclay)는 이렇게 강조한다:

> 모든 설교자들은 십자가에 대해서 설교하는 그만큼 성령에 대해서도 설교하기로 결심해야 한다. 그리스도께서 인류를 위하여 죽으셨다는 것은 하나의 영광스러운 진리이다. 그러나 그리스도께서 인류를 위하여 성령 안에서 살아 계시다는 것 역시 하나의 영광스러운 진리이다.[21]

신약성경 시대에는 그리스도께서 역사 안에서 육신으로 살아 계셨지만, 지금은 성령 안에서 살아 계신다. 결국, 삼위일체 영성이란, 프란시스 쉐퍼가 잘 요약했듯이, "그것은 매 순간 하나님과 더불어 인격적인 교제를 가짐으로 성령님의 사역으로 말미암아 나를 통해 그리스도의 진리가 흘러가게 하는 것이다."[22]

S. 찬은 성경의 기본 덕성인 믿음, 소망, 사랑을 삼위일체적으로 설명한다:

> 이 세가지 모두 구원의 삼위일체적 경륜과 밀접하게 연

21 「성령의 약속」 서기산 역(기독교문사, 1982), 195
22 앞의 책, 155

관되어 있다. 따라서 사랑은 일반적으로 성부와 연관성이 있고, 믿음은 예수 그리스도와 관련되며, 소망은 그것을 고취하고 보증하는 성령과 연관되어 있다(롬 8:23; 15:3; 고후 1:22; 5:5).[23]

우리는 성령을 은사 중심으로 알기 쉽지만, 성령의 바른 이해는 성부와 성자와의 바른 관계성에 근거하고 있다. 우리 안에 거하시는 성령을 통해서 우리는 성자와 성부와 친밀한 관계를 가질 수 있다. 비록 성령이 없어도 우리는 성자와 성부를 지적으로 알 수는 있다. 그러나 성령을 통하지 않고서는 성자와 성부와의 친밀한 관계는 가질 수 없다. 주님과 '아는 사이'는 '모르는 사이'보다는 낫겠지만, 주님의 진정한 도움을 받기는 어렵다. 주님의 진정한 도움을 받기 위해서는 주님과 '친밀한 사이'가 되어야 하는데, 이 관계는 성령께서 내주하지 않고서는 이룰 수 없다. 그래서 성경적 영성은 성삼위 하나님과의 바른 관계에 기초한 영성이다. 이한수는 영성 형성에 있어서 바른 성령론과 삼위일체론의 중요성을 강조한다: "한국교회는 성령론뿐만 아니라 참된 영성 개념에 있어서 삼위일체 신론에 입각한 균형 잡힌 이해를 정립해야 할 과제를 안고 있다".[24]

---

23 「영성 신학」, 128, 위의 구절외에도 고전 13:13; 살전 1:3; 골 1:4-5; 롬 5:2-5; 갈 5:5-6; 살전 5:8; 히 10:22-24 등에도 이 세 가지 덕목들이 연결되어 나타난다.

24 「신약은 성령을 어떻게 말하는가」, 423

3. 성경적 영성의 모형
-예수 그리스도의 영성-

성경적 영성에서 예수 그리스도 영성의 추구 배경은 다양한 영성의 출현과 성경적 영성의 모형이 필요하기 때문이다. 그리고 성경에 나타나는 다양한 영성들, 예를 들면, 바울의 영성과 요한의 영성들의 분별과 해석 기준이 필요하기 때문이기도 하다. 성경적 영성 자체가 기독교 영성의 정체성 문제를 다루고 있기 때문에 예수 그리스도의 영성을 모형으로 하여 바른 성경적 영성을 확립하여 기독교 이단과 사이비적 영성의 폐해를 시정(요일 4:1)하는 것이 시급하다.

1) 예수 그리스도의 통합적 영성

예수 그리스도의 영성은 여러 가지 방법으로 접근해 볼 수 있다.[25] 예수의 아래 말씀에 근거해 보면, 예수 그리스도의 영성은 성경적 영성의 모형이자 핵심이다; "너희가 성경에서 영생을 얻는 줄 생각하고 성경을 연구하거니와 이 성경이 곧 내게 대하여 증언하는 것이니라"(요 5:39). 예수 그리스도의 영성은, 무엇보다도, 신성과 인성의 통합 영성이다. 김정우는 예

---

25 기독론을 중심으로 접근해 볼 수 있다. 예를 들면, 류기종의 「예수의 영성」(도서출판 kmc, 2009)으로서 저자는 예수의 영성을 겸허와 모범, 하나님 중심, 삼위일체, 화육과 새 창조, 해방과 치유, 섬김, 천국실현, 창조 영성으로 설명했다.

수 영성의 통합적 측면을 이렇게 설명한다:

> 성경의 모든 주제들은 바로 '초월적 만남'과 '역사적 삶 속에서의 변화'라는 두 축을 중심으로 형성되어 있다. 이 통합성은 예수 그리스도에게는 '신성'과 '인성'의 통합으로 나타나며, 성경 역시 '하나님 말씀으로서의 신성'과 '영감 받은 저자들의 말씀으로서의 인성'이라는 양성의 통합으로 주어지고 있다.[26]

예수 그리스도의 신성과 인성의 통합영성은 초대교회 교인들이 자주 불렀던 예수 찬미가의 가사에서 감동적으로 느낄 수 있다:

> 그는 근본 하나님의 본체시나 하나님과 동등됨을 취할 것으로 여기지 아니하시고 오히려 자기를 비워 종의 형체를 가지사 사람들과 같이 되셨고 사람의 모양으로 나타나사 자기를 낮추시고 죽기까지 복종하셨으니 곧 십자가에 죽으심이라 이러므로 하나님이 그를 지극히 높여 모든 이름 위에 뛰어난 이름을 주사 하늘에 있는 자들과 땅에 있는 자들과 땅 아래 있는 자들로 모든 무릎을 예수의 이름에 꿇게 하시고 모든 입으로 예수 그리스도를 주라 시인하여 하나님 아버지께 영광을 돌리게 하셨느니라(빌 2:6-11)

---

26 "성경의 영성과 성경적 영성", 79

예수 그리스도의 신성은, 찬미가에 있듯이, 그가 근본 하나님의 본체셨다는 것과, 그가 말씀으로 성육신하신 분이라는 계시에 근거해 있다: "말씀이 육신이 되어 우리 가운데 거하시매 우리가 그의 영광을 보니 아버지의 독생자의 영광이요 은혜와 진리가 충만하드라"(요 1:14); "... 이 말씀이 하나님과 함께 계셨으니 이 말씀은 곧 하나님이시니라"(요 1:1). 그리고 예수 그리스도의 신성은 성부와 성령의 삼위일체적 교류를 통해 형성되었다. 그는 성령의 임재와 내주를 통해서 늘 하나님 아버지와 교류하는 삶을 사셨다: "곧 물에서 올라오실 새 하늘이 갈라짐과 성령이 비둘기 같이 자기에게 내려오심을 보시더니"(막 1:10); "나를 보내신 이가 나와 함께 하시도다 나는 항상 그가 기뻐하시는 일을 행하므로 나를 혼자 두지 아니하셨느니라"(요 8:29); "예수께서 대답하여 이르시되 내 교훈은 내 것이 아니고 나를 보내신 이의 것이니라"(요 7:16). 그리고 그는 선언하셨다: "나와 아버지는 하나이니라"(요 10:30).

예수의 인성 핵심에는 사랑이 자리 잡고 있다. 예수께서 가장 큰 계명으로 하나님 사랑과 이웃 사랑을 말씀하신 것을 보면 알 수 있다: "예수께서 이르시되 네 마음을 다하고 목숨을 다하고 뜻을 다하여 주 너의 하나님을 사랑하라 하셨으니 이것이 크고 첫째 되는 계명이요 둘째도 그와 같으니 네 이웃을 네 자신과 같이 사랑하라 하셨으니 이 두 계명이 온 율법과 선지자의 강령이니라"(마 22:37-40). 그리고 그가 죄인들을 부르시며 고통받는 자들을 불쌍히 여기시고, 연민의 정을 가지고 병든 자들을 고치시고, 배고픈 자들을 먹이시고, 슬픈 자들을 위로하심은 궁극적으로 이 사랑의 실천이라고 할 수 있다. 무엇보다도, 그가 자신의 생명을 버리심도 그의 지고한 사랑의 표현이다: "인자가 온 것은 섬김을 받으려 함이 아니라 도리어 섬기려 하고 자기 목숨을 많은 사람의 대속물로 주려 함이라"(막 10:45).

그리고 예수의 인성은 예수 자신이 자신을 소개한 이 말씀에 나타나있다: "나는 마음이 온유하고 겸손하니 나의 멍에를 메고 내게 배우라 그리하면 너희 마음이 쉼을 얻으리니"(마 11:29). 예수의 인성에서 나타나는 온유와 겸손은 그가 고난에 처했을 때 두드러지게 드러난다. 그는 고난을 잘 참으실 뿐 아니라 오히려 박해하는 자를 위하여 기도하셨다. 그가 고난을 견디는 모습은 이사야 선지자가 잘 예언하고 있다: "그가 곤욕을 당하여 괴로울 때에도 그의 입을 열지 아니하였음이여 마치 도수장으로 끌려 가는 어린 양과 털 깎는 자 앞에서 잠잠한 양 같이 그의 입을 열지 아니하였도다"(사 53:7). 그는 십자가 상의 그 모진 고통 가운데서도 박해하는 자들을 위하여 기도하셨다: "이에 예수께서 이르시되 아버지 저들을 사하여 주옵소서 자기들이 하는 것을 알지 못함이니이다 하시더라 ...."(눅 23:34). 예수의 이러한 품성은 그와 가까이서 오랫동안 지냈던 베드로가 증언하고 있다: "그는 죄를 범하지 아니하시고 그 입에 거짓도 없으시며 욕을 당하시되 맞대어 욕하지 아니하시고 고난을 당하시되 위협하지 아니하시고 오직 공의로 심판하시는 이에게 부탁하시며"(벧전 2:22-23). 성격이 강하고 거칠었던 바울도 예수의 이러한 품성을 닮아서 변하였다: " ... 모욕을 당한즉 축복하고 박해를 받은즉 참고 비방을 받은즉 권면하니 ...."(고전 4:12-13).

산상수훈에서 예수께서 축복한 사람들을 보면 예수 자신이 지향하고 소망하는 영성이 어떠한 것인지를 알 수 있다(마 5:3-10). 심령이 가난한 것은 겸손과 통하며, 예수께서는 멸망할 예루살렘을 보고 애통해 하시며 우셨다(눅 19:41). 예수께서는 자신을 온유하다고 하셨으며, 그의 생애는 의에 주리고 목마르셨으며 의를 위하여 박해를 받으셨다. 그는 고통받는 사람들을 긍휼히 여기셨으며, 마음이 청결하여 하나님과 끊임없이 교류하셨다. 그리고 그는 자신의 생명을 화평을 위하여 화목제물로 드렸다.

산상수훈에서 그는 사람 앞에서의 위선과 거짓의 종교성을 책망하셨으며, 은밀히 보시는 하나님 앞에서의 신앙과 삶을 가르치셨다. 위선과 거짓과는 대조적으로, 그는 어린아이들에게서 나타나는 천진난만함, 순수한 기쁨과 놀라운 생명을 보면서 하나님 나라를 느끼시고 그것을 기뻐하셨다. 예수께서는 어린아이들에게서 하나님 나라의 후광을 보신 듯하다:

> 예수께서 보시고 노하여 이르시되 어린 아이들이 내게 오는 것을 용납하고 금하지 말라 하나님의 나라가 이런 자의 것이니라 내가 진실로 너희에게 이르노니 누구든지 하나님의 나라를 어린 아이와 같이 받들지 않는 자는 결단코 그 곳에 들어가지 못하리라(막 10:14-15); 그 때에 예수께서 성령으로 기뻐하시며 이르시되 천지의 주재이신 아버지여 이것을 지혜롭고 슬기 있는 자들에게는 숨기시고 어린 아이들에게는 나타내심을 감사하나이다 옳소이다 이렇게 된 것이 아버지의 뜻이니이다(눅 10:21).

그리고 그는 공중의 새와 들에 핀 한송이 꽃을 보시고 하나님의 손길을 느끼시는 자연 영성을 소유하고 계셨다:

> 공중의 새를 보라 심지도 않고 거두지도 않고 창고에 모아들이지도 아니하되 너희 하늘 아버지께서 기르시나니 너희는 이것들보다 귀하지 아니하냐 ... 또 너희가 어찌 의복을 위하여 염려하느냐 들의 백합화가 어떻게 자라는가 생각하여 보라 수고도 아니하고 길쌈도 아니하느니라 그

러나 내가 너희에게 말하노니 솔로몬의 모든 영광으로도 입은 것이 이 꽃 하나만 같지 못하였느니라(마 6:26-29).

2) 예수 이야기 영성

예수 그리스도 영성의 외적인 면은 예수의 생애를 전체적으로 이야기 흐름에 따라 읽음으로 이해할 수 있다. 이 방법은 복음서의 서사적 읽기로서, 복음서를 장 절 구분 없이 읽기, 구성요소별 읽기, 상상력으로 틈새(gap) 메우기를 함으로 예수의 영성을 배우는 방법이다. 이 방법은 예수의 사역을 이야기 맥에 따라서 흥미 있게 살펴볼 수 있는 장점이 있다. 이 방법의 텍스트로서 4 복음서가 다 유용하겠지만, 사건 중심의 마가복음이 접근하기 쉽다.

필자는 마가복음의 예수 이야기를 영성적 시각에서 서사적으로 읽어 봄으로 예수 그리스도의 영성을 보다 현실적으로 느껴볼 수 있다고 생각한다.[27]

예수께서 세례 받고 시험 당하신 후에 하나님 나라를 선포하기 시작하셨다: "때가 찼고 하나님의 나라가 가까이 왔으니 회개하고 복음을 믿으라"(막 1:15). 그는 하나님 나라를 전파하면서 연민과 사랑으로 각종 병든 자들을 고치시고 귀신들을 쫓아 내셨다. 이렇게 하니, 그의 명성이 삽시간에 사방으로 펴져나가면서 수많은 병자들과 귀신 들린 자들이 그를 찾아왔다:

---

27 마가복음의 서사적 읽기에 관해서는, 김춘이, 김재현, 「놀라운 예수」(JUSTJOY, 2020) 참조, 특별히 마가복음의 부수적 인물들의 역할과 기능에 대해서는, 김성현, 「마가복음의 조연들」(CLC, 2020) 참조.

> 저물어 해질 때에 모든 병자와 귀신 들린 자를 예수께 데려오니 온 동네가 그 문 앞에 모였더라 예수께서 각종 병이 든 많은 사람을 고치시며 많은 귀신을 내쫓으시되 귀신이 자기를 알므로 그 말하는 것을 허락하지 아니하시니라 새벽 아직도 밝기 전에 예수께서 일어나 나가 한적한 곳으로 가사 거기서 기도하시더니 시몬과 및 그와 함께 있는 자들이 예수의 뒤를 따라가 만나서 이르되 모든 사람이 주를 찾나이다 이르시되 우리가 다른 가까운 마을들로 가자 거기서도 전도하리니 내가 이를 위하여 왔노라 하시고(막 1:32-39).

이 본문을 보면, 예수께서 많은 사람들이 바라는 치유와 축사 사역에서 전도 사역으로 방향전환하는 것을 볼 수 있는데, 이 결단은 새벽의 기도로 인한 것임을 알 수 있다.

그는 제자들을 부르시고 훈련시킨 후에 그들을 전도하러 보내셨다. 제자들의 메시지를 듣고 수많은 사람들이 예수께 나아왔다. 예수께서는 그들을 빈 들에서 가르치셨는데, 때가 저물어 무리들이 주린 것을 보시고 오병이어 기적을 베푸셨다. 이 기적으로 흥분한 무리들과 제자들을 보고 제자들을 무리들로부터 분리시켰다. 그리고 자신이 무리들을 돌려보내시고 혼자 산으로 기도하러 가셨다: "떡을 먹은 남자는 오천 명이었더라 예수께서 즉시 제자들을 재촉하사 자기가 무리를 보내는 동안에 배타고 앞서 건너편 벳세다로 가게 하시고 무리를 작별하신 후에 기도하러 산으로 가시니라"(막 6:44-46).

이 기도를 통하여 예수께서는 제자들과 무리들이 원하는 대중적 메시야 소망을 거절하고 성경적 메시야 상을 보다 확고히 하셨으리라. 이 방향 전환은 가이사랴 빌립보에서 베드로와의 격렬한 갈등으로 표출된다:

> 인자가 많은 고난을 받고 장로들과 대제사장들과 서기관들에게 버린 바 되어 죽임을 당하고 사흘 만에 살아나야 할 것을 비로소 그들에게 가르치시되 드러내놓고 이 말씀을 하시니 베드로가 예수를 붙들고 항변하매 예수께서 돌이키사 제자들을 보시며 베드로를 꾸짖어 이르시되 사탄아 내 뒤로 물러가라 네가 하나님의 일을 생각하지 아니하고 도리어 사람의 일을 생각하는도다 하시고(막 8:31-33).

가이사랴 빌립보의 이 사건을 전환점으로 하여 예수께서는 무리들보다는 제자들을 집중적으로 가르치기 시작하셨다. 제자들을 위한 이 사역은 예수 자신의 십자가와 부활이 멀지 않았음을 암시한다. 그의 하나님 나라 선포와 대중적 인기는 종교 지도자들과의 갈등을 불러왔고 그의 체포와 죽음으로 이어졌다. 그는 마지막 날 밤에 제자들과 만찬을 하면서 자신의 십자가 죽음의 의미를 가르치셨다: "이것은 내 몸이니라... 이것은 많은 사람을 위하여 흘리는 나의 피 곧 언약의 피니라"(14:22, 24). 그는 체포되어 대제사장과 빌라도의 재판을 받고 십자가 형에 처해졌다. 그러나 그는 사흘 후에 부활하사 제자들에게 보이시고 명하셨다: "너희는 온 천하에 다니며 만민에게 복음을 전파하라"(16:15). 그후 그는 승천하셨다.

마가 외에 마태, 누가와 요한 복음은 그들 나름대로의 독특한 내용을 담고 있지만, 그들 모두가 이야기 형식으로 그 내용을 전개하고 있음은 마가와 동일하다 하겠다. 예수의 삶과 사역을 이야기 형식으로 읽어보면, 그의 영성을 형성하는 요소들이 무엇인지 개략적으로 알 수 있다. 그의 영성의 중요한 요소들은 하나님의 나라, 기도, 사랑, 복음(하나님의 말씀), 십자가와 부활이다.

이 요소들은 그의 주기도문에서도 찾아볼 수 있다: 하나님 아버지께 기도; 하나님 나라("나라가 임하시오며 뜻이 하늘에서 이루어진 것 같이 땅에서도 이루어지이다"); 십자가의 죄 사함("우리 죄를 사하여 주옵시고")(마 6:9-13). 예수께서는 또한 우리가 시험에 들게 하지 마시옵기를 기도하라고 하셨는데, 그가 마귀에게 시험 당할 때에 하나님 말씀으로 마귀를 물리치셨다: "사람이 떡으로만 살 것이 아니요 하나님의 입으로부터 나오는 모든 말씀으로 살 것이라"(신 8:3); 주 너의 하나님을 시험하지 말라"(신 6:16); "주 너의 하나님께 경배하고 다만 그를 섬기라"(신 6:13).

예수 그리스도의 영성 구성요소중 기도, 사랑과 말씀은 성경말씀 묵상부분에서 다루고, 하나님 나라는 뒤에 그리스도의 몸 세우기에서 자세하게 다루기 때문에, 여기서는 십자가와 부활의 영성적 의미를 집중적으로 다루어 본다.

3) 십자가와 부활의 영성

로마제국 당시 십자가는 가장 수치스럽고, 두렵고, 무서운 형벌이었다. 십자가 형은 페니키아인들이 고안해 낸 것으로서, 로마는 식민지 백성을 두렵게 하기 위한 방법으로 범법자들을 십자가 형에 처했다. 이 형틀의 고통은 십자가 상에서 길게는 3-4일 정도 끌기도 했다고 한다. 예수께서는 이 고통을 아셨기에 겟세마네 동산에서 하나님 아버지께 간절히 기도

하셨다: "말씀하시되 내 마음이 심히 고민하여 죽게 되었으니 너희는 여기 머물러 깨어 있으라 하시고 ... 이르시되 아빠 아버지여 아버지께는 모든 것이 가능하오니 이 잔을 내게서 옮기시옵소서 그러나 나의 원대로 마시옵고 아버지의 원대로 하옵소서 하시고"(막 14:34, 36).

그런데 어떻게 이렇게 잔인한 십자가가 기독교의 상징이 되었을까? 이것이 아이러니라고 할 수 있다. 그 이유가 로마서 3:9, 25에 설명되어 있다: "... 유대인이나 헬라인이나 다 죄 아래 있다고 우리가 이미 선언하였느니라"(롬 3:9); "이 예수를 하나님이 그의 피로써 믿음으로 말미암는 화목제물로 세우셨으니 이는 하나님께서 길이 참으시는 중에 전에 지은 죄를 간과하심으로 자기의 의로우심을 나타내려 하심이니." 예수의 죽음이 속죄의 수단이 되었다. 기독교가 세계적인 종교가 되는 신학적 논리를 전개한 책이 로마서이다.

로마서 3:9, 25의 말씀은 기독교가 세계종교로 퍼져나가는 기반이 된다. 유대인이든, 이방인이든, 모든 사람이 죄 아래에 있다. 이 죄인이 예수의 화목제물로 인한 속죄로 믿음으로 의롭다 함을 받은 것이다. 기독교의 핵심 진리는 하나님께서 모든 인간에게 있는 죄성을 예수의 십자가로 해결해 주셨다는 것이다. 본회퍼는 이신칭의의 진리를 이렇게 표현한다:

> ... 그리스도인은 자신의 구원과 의를 스스로 얻으려고 하지 않고, 예수 그리스도에게서만 얻으려고 하는 사람입니다. 그는 자기의 죄가 조금도 느껴지지 않을 때에도, 예수 그리스도 안에 있는 하나님의 말씀은 그를 죄인이라고 하는 것을 압니다. 또한 그는 자기가 의롭다고 조금도 느껴지지 않을 때에도, 예수 그리스도 안에 있는 하나님의 말씀

이 자기를 자유롭고 의로운 사람이라고 해주는 것을 압니다.[28]

오늘날에는 영성의 관점에서 십자가와 부활을 새롭게 해석하고 있다. 십자가의 대속은 영성의 과정에서 필수적인 정화의 단계이다. 일반적으로 영성 수련은 3단계로 소개되어 있다. 1단계: 정화(내 속의 죄성 발견, 회개하는 과정) 우리에게 임하시는 분은 거룩하신 분이기 때문에 우리 마음이 정화되어야 한다. 2단계: 조명(성령께서 말씀을 통해 진리를 깨닫게 하는 것) 말씀으로 우리의 마음이 감동을 받고 인격이 새롭게 변화되어야 한다. 3단계: 연합(하나가 된다). 3단계를 잘못 이해하면 신화(신과 같이 되는 것) 또는 신인합일로 착각할 수 있다. 성경적 영성에서 연합은 성령을 통하여 부활하신 그리스도와 친교, 교제, 동행, 상호거주(주님 내 안에, 주님 안에 나)의 의미이다. 이 개념의 핵심은 우리가 신과 같은 존재가 되는 것이 아니라, 주님의 계명을 지켜 부활하신 주님과의 친밀한 교통이 이루어지고 주님이 주시는 기쁨을 누리는 것이다: "내가 아버지의 계명을 지켜 그의 사랑 안에 거하는 것 같이 너희도 내 계명을 지키면 내 사랑 안에 거하리라 내가 이것을 너희에게 이름은 내 기쁨이 너희 안에 있어 너희 기쁨을 충만하게 하려 함이라"(요 15:10-11).

예수 그리스도와의 연합은 예수께서 제정하신 성만찬의 핵심적인 의미이다:

28 「신도의 공동생활」, 23

> 그들이 먹을 때에 예수께서 떡을 가지사 축복하시고 떼어 제자들에게 주시며 이르시되 받으라 이것은 내 몸이니라 하시고 또 잔을 가지사 감사 기도 하시고 그들에게 주시니 다 이를 마시매 이르시되 이것은 많은 사람을 위하여 흘리는 나의 피 곧 언약의 피니라(막 14:22-24).

이 진리는 또한 예수께서 말씀하신 포도나무 비유에도 잘 나타나있다: "나는 포도나무요 너희는 가지라 그가 내 안에 내가 그 안에 거하면 사람이 열매를 많이 맺나니 나를 떠나서는 너희가 아무것도 할 수 없음이라"(요 15:5).

바울은 이 연합을 이렇게 표현했다:

> 만일 우리가 그의 죽으심과 같은 모양으로 연합한 자가 되었으면 또한 그의 부활과 같은 모양으로 연합한 자도 되리라. 우리가 알거니와 우리의 옛 사람이 예수와 함께 십자가에 못 박힌 것은 죄의 몸이 죽어 다시는 우리가 죄에게 종 노릇 하지 아니하려 함이니(롬 6:5~6).

송영목에 의하면, "16세기 교회 개혁가들 중에서 칼빈 만큼 성령을 통한 성도와 그리스도와의 영적인 '신비로운 연합'(unio mystica)을 끊임없이 확고하게, 그러면서도 부드럽게 강조한 이는 없다. '연합의 보증'(the bond of union)이신 성령님으로 가능한 이 신비로운 연합은 카톨릭과 루터교의 신비주의적인 '실제적 교제'(real communion)와 구별되는데,

성찬은 물론 칭의와 성화에 있어서도 발생한다."[29] 칼빈에 의하면,

> 우리의 마음이 성령에 사로잡히기 까지는 아직 우리가 연합되었다고 할 수 없다. 왜냐하면, 우리가 그리스도를 그저 한분의 역사적 인물로 보는 한, 아직 그리스도와 우리 사이에는 여전히 거리가 존재하기 때문이다.[30]

부활의 영성은 그리스도와 연합하면서 부활의 소망으로 새로워지는 것을 말한다. 자기부인의 훈련은 부활의 소망과 불가분의 관계에 있다. 십자가 훈련이 가져다주는 것은 부활의 은총과 능력의 회복이다. 이것은 우리도 부활하여 그리스도와 함께 영원히 사는 것이다:

> 너희는 마음에 근심하지 말라 하나님을 믿으니 또 나를 믿으라 내 아버지 집에 거할 곳이 많도다 그렇지 않으면 너희에게 일렀으리라 내가 너희를 위하여 거처를 예비하러 가노니 가서 너희를 위하여 거처를 예비하면 내가 다시 와서 너희를 내게로 영접하여 나 있는 곳에 너희도 있게 하리라(요 14:1-3).

그런데, 여기서 한 가지 유념할 것이 있다. 우리가 부활과 천국의 강

---

29 「칼빈과 신약교회」, 96
30 로더, 이규민 역 「성령의 관계적 논리와 기독교교육 인식론」(대한기독교서회, 2009), 61에서 재인용

한 소망에 붙들려 산다고 해서 그것이 현실도피나 염세주의적인 것을 의미하는 것은 아니다. 우리는 천국의 소망을 가지고 이 땅에서 우리의 사명을 충실하게 잘 수행해야 한다. 여기에는 분명 갈등이 있지만, 이 땅에서의 소명을 버려서는 안 된다. 바울이 이것을 잘 표현하고 있다: "그러나 만일 육신으로 사는 이것이 내 일의 열매일진대 무엇을 택해야 할는지 나는 알지 못하노라 내가 그 둘 사이에 끼었으니 차라리 세상을 떠나서 그리스도와 함께 있는 것이 훨씬 더 좋은 일이라 그렇게 하고 싶으나 내가 육신으로 있는 것이 너희를 위하여 더 유익하리라"(빌 1:22-24).

십자가와 부활은 복음의 핵심 진리이다. 십자가와 부활의 영성은 자기부인을 통한 새로운 자기 자신의 모습을 발견하는 것이다. 이것은 그리스도와 연합해 가는 필수적인 과정이다. 자기부인의 결과는 십자가의 고통이다. 예수께서도 십자가의 고통가운데서 이렇게 부르짖으셨다: "... 엘리 엘리 라마 사박다니 하시니 이를 번역하면 나의 하나님, 나의 하나님 어찌하여 나를 버리셨나이까 하는 뜻이라"(막 15:34). 우리는 이 고통 때문에 자기 부인을 두려워 하지만, 자신을 깊이 살피고 자기 속에 있는 약함과 죄성을 좀 더 깊이 깨닫고 고통을 이겨나가는 훈련을 해야 한다. 이 훈련은 우리가 그리스도 안에서 새로운 생명의 소망을 가짐으로써 감당할 수 있다. 이러한 과정은 그리스도와 연합함으로써 부활의 능력을 가지게 되는 단계에까지 이르게 된다.

예수 그리스도의 영성은 부활을 강조하는데, 그 이유는 부활의 소망이 약한 것이 이 시대의 영성 문제라고 말할 수 있기 때문이다. 우리는 합리적 경험적 사고와 관점에 익숙해져 있다. 이 사고와 관점은 현실적, 경험적, 단기적이다. 이 관점은 미래적 소망이 빈약하거나 결여된 것이 문제다. 이에 비해, 1세기의 그리스도인들은 묵시적 사고와 관점으로 살았다.

이 사고는 예언적, 미래적, 거시적이다. 이 사고의 초점은 미래에 있다.

예수께서는 자신의 죽음을 예고하셨지만, 그 뒤에 반드시 자신이 다시 살 것이라는 부활의 소망을 말하고 있다:

> 내가 내 목숨을 버리는 것은 그것을 내가 다시 얻기 위함이니 이로 말미암아 아버지께서 나를 사랑하시느니라 이를 내게서 빼앗는 자가 있는 것이 아니라 내가 스스로 버리노라 나는 버릴 권세도 있고 다시 얻을 권세도 있으니 이 계명은 내 아버지에게서 받았노라 하시니라(요 10:17-18).

이 부활의 소망에 대해서 바울도 항시 강한 기대를 가지고 살았다: "우리가 흙에 속한 자의 형상을 입은 것 같이 또한 하늘에 속한 이의 형상을 입으리라"(고전 15:49). 그래서 바울은 이렇게 말할 수 있다: "그러므로 우리가 낙심하지 아니하노니 우리의 겉 사람은 낡아지나 우리의 속사람은 날로 새로워지도다"(고후 4:16).

십자가와 부활의 영성은 십자가 안에서 자기부인을 통해서 새로운 자신을 발견하고 그리스도와 연합해 나가는 훈련이다. 자기부인의 훈련은 예수님의 십자가 형틀과 같이 무섭고 고통스러운 것이다. 성경적 영성수련은 자신을 깊이 살피고 자기 자신의 약함을 깨달아서 고통 중에서도 이겨나가는 훈련이다. 옛 사람이 죽고 영광의 생명이 탄생되도록 하는 것이 영성수련의 핵심이다. 프란시스 쉐퍼(Schaeffer)에 의하면, "그리스도인의 삶의 '방법'은 내주(內住)하시는 성령님의 중재적 사역을 통해 매 순간 순간의 믿음으로 말미암아 십자가에 달리시고 부활하신 주님의 능력으로

사는 것이다."[31] 바울은 이 신비스러운 연합을 우리가 잘 아는 이 말씀으로 노래했다:

> 내가 그리스도와 함께 십자가에 못 박혔나니 그런즉 이제는 내가 사는 것이 아니요 오직 내 안에 그리스도께서 사시는 것이라 이제 내가 육체 가운데 사는 것은 나를 사랑하사 나를 위하여 자기 자신을 버리신 하나님의 아들을 믿는 믿음 안에서 사는 것이라(갈 2:20).

요약하면, 성경적 영성의 모형으로서의 예수 그리스도의 영성은 신성과 인성의 통합 영성으로서 성경적 영성의 본질을 나타내 주고 있다. 성경적 영성의 본질은 하나님의 나라, 기도, 사랑, 복음, 십자가와 부활의 진리이다.

4. 성경적 영성 형성의 주체: 성령

성경적 영성은 예수 그리스도의 구원사건을 시작으로 하여, 성령을 따라 살면서 기도와 말씀묵상을 통해서 형성된다. 이 영성은 성령이 주체가 되는 영성으로서 예레미야가 예언한 새 언약의 영성이다:

31 「진정한 영적생활」, 139

여호와의 말씀이니라 보라 날이 이르러니 내가 이스라엘 집과 유다 집에 새 언약을 맺으리라 이 언약은 내가 그들의 조상들의 손을 잡고 애굽 땅에서 인도하여 내던 날에 맺은 것과 같지 아니할 것은 내가 그들의 남편이 되었어도 그들이 내 언약을 깨뜨렸음이라 여호와의 말씀이니라 그러나 그 날 후에 내가 이스라엘 집과 맺을 언약은 이러하니 곧 내가 나의 법을 그들의 속에 두며 그들의 마음에 기록하여 나는 그들의 하나님이 되고 그들은 내 백성이 될 것이라 여호와의 말씀이니라(렘 31:31-33).

예레미야가 예언한 새 언약은 성령에 의해 실현되는데 이것을 예언한 것이 에스겔이다:

맑은 물을 너희에게 뿌려서 너희로 정결하게 하되 곧 너희 모든 더러운 것에서와 모든 우상 숭배에서 너희를 정결하게 할 것이며 또 새 영을 너희 속에 두고 새 마음을 너희에게 주되 너희 육신에서 굳은 마음을 제거하고 부드러운 마음을 줄 것이며 또 내 영을 너희 속에 두어 너희로 내 율례를 행하게 하리니 너희가 내 규례를 지켜 행할지라(겔 36:25-27).

새 언약 영성의 원리는 간단히 이렇게 요약할 수 있다: 하나님께서 먼저 맑은 물을 뿌려서 우리를 정결하게 하시고 그의 말씀을 성령으로 우리 마음에 기록하시되, 성령으로 우리의 굳은 마음을 제거하시고 부드러운 마음을 주어 기록된 하나님의 법을 실천하게 하신다. 우리의 마음이 거칠고 굳어 있으면 생명의 말씀을 들어도 아무런 깨달음이 없다. 이것은 예수께서 씨 뿌리는 비유에서 가르쳐 주신 것이다. 생명의 말씀인 씨가 뿌려져도 마음이 길가나, 돌짝 밭이나 가시덤불 같으면 결실을 맺지 못한다. 이 씨가 마음이 부드럽고 좋은 밭에 뿌려져야 풍성한 열매를 맺게 된다(마 13:3-9, 18-23).

이것은 물과 성령으로 거듭나게 하시는 것과 같은 원리이다(요 3:5). 또한 이것은 우리가 예수 그리스도의 십자가 보혈로 정결하게 되고 그의 부활하심으로 우리에게 성령을 보내 주심과 같다. 이렇게 형성된 영성은 성령의 열매로 나타나며, 예수 그리스도의 몸을 이 땅에서 세워나가는 삶을 통해서 지속된다. 성령의 열매는 사도 바울이 규정한 9가지 영적 덕목을 말한다: "오직 성령의 열매는 사랑과 희락과 오래 참음과 자비와 양선과 충성과 온유와 절제...."(갈 5:22-23). 그리고, 예수 그리스도의 몸은 예수를 주님이라고 고백하는 신앙공동체를 말한다.

기도가 신앙생활에서 기본이듯이, 성경적 영성 형성에서도 기도는 기본으로 전제되어 있다. 그래서 성경적 영성수련은 성령임재 기도(에피클레시스)로 시작한다. 예수께서도 그의 사역의 시작에서 "주의 성령이 내게 임하셨으니 이는 가난한 자에게 복음을 전하게 하시려고 내게 기름을 부으사 ..."(눅 4:18)라고 선포하셨다. 그의 사역은 성령의 임재를 통하여 늘 성부 하나님과 교제하면서 그의 뜻을 찾고 실현시키는 것이었다: "나를 보내신 이가 나와 함께 하시도다 나는 항상 그가 기뻐하시는 일을 행하므로 나를 혼자 두지 아니하셨느니라"(요 8:29). 우리는 성령의 임재와 중재사역을 통하여 성자와 성부와 교통할 수 있다. 그런데 오늘날 우리 교회는 성자와 성령의 관계와 일상적 삶에서의 성령 사역에 대해서 분명치 못한 점이 많다. 그런 점에서 이 시대 우리 교회의 중요한 과제 중의 하나는 성령의 정체성과 사역을 바로 이해하는 것이다.

1) 성령의 새로운 이해

성경적 영성에서는 성령께서 영성수련의 주체가 되시기 때문에 성령의 새로운 이해가 결정적으로 중요하다. 이 한수는 우리 교회의 성령이해의 문제점을 이렇게 지적했다: "비중면에서 볼 때 '성령이 없는 하나님'이란 표현을 사용할 수는 없지만 정통교회들은 성령이 약한 신론을 가지고 있지 않나 여겨진다."[32] 역사적으로 보면, 개신교회의 부흥성회, 기도원 집회와 철야 기도회 등의 강력하고 집중적이며 열광적인 영성수련이 교회 부흥과 성장에 크게 기여했다. 그러나 이러한 급진적 성령 체험은 일상적인 삶속에서의 점진적 신앙 성숙과 연결되어야 한다. 그런 의미에서 J. 로더(Loder)의 다음의 말은 깊이 새겨둘 가치가 있다:

> 성령을 단지 인간 의식의 변화를 통해 나타나는 은사로만 한정하게 될 때 발생하게 되는 문제는, 일상적 삶과 정상적인 의식 속에서는 성령의 역사가 나타나지 않는 것으로 오해한다는 것이다.[33]

오늘 우리 교회에서 생각해 보아야 할 주제는 "일상적 삶"과 "정상적인 의식" 속에서 체험하는 성령에 대한 이해와 인식이 부족하다는 것이다. 성령께서 우리 안에 내주하시면 우리가 성경말씀을 읽고, 듣고, 묵상할 때 그 말씀을 깨닫고 기쁨을 느끼며 마음의 평안을 얻는다. 성령께서 함

---

32 앞의 책, 421
33 이규민 역「성령의 관계적 논리와 기독교교육 인식론」(대한기독교서회, 2009), 59

께 하시면 우리가 기도할 때 간절한 마음이 들고, 감사와 기쁨을 느낀다. 그리고 우리가 찬송할 때 감동 감화를 느끼며 눈물을 흘리면서 감사하는 것도 성령의 내재적 사역이다. 이 모든 것이 우리의 일상적인 삶과 정상적인 의식에서 성령께서 역사하시는 증거이다. 성령의 인도함에 의지하지 않고 자력으로 설교에서 되풀이되는 높은 수준의 윤리적 지침을 따라가다 보면, 자칫 바리새적 형식적 신앙으로 빠질 우려가 있다.[34] 이런 맥락에서 보면 예배와 설교에서도 성령의 사역이 필수적이다. 허도화는 이 주제에 관해서 이렇게 말한다: "또한 설교의 중심인 예수 그리스도를 드러내기 위해 설교 본문을 기독론적으로 해석하였다 해도 성령을 통하지 않고서는 그런 모든 설교들이 하나님의 말씀이라는 보장을 받을 수는 없다. 마틴 루터가 하나님의 말씀의 유형들로 언급한 예수 그리스도, 성경, 설교도 성령에 의한 것일 때에만 하나님의 말씀이라고 말할 수 있다."[35]

성경적 영성에서 주체가 되는 성령이해는 이제까지의 사도행전의 성령이해에서 바울과 요한의 성령이해로 그 중심이 옮아가야 할 때이다. 성령임재라고 하면 우리가 제일 먼저 떠올리는 장면은 사도행전 2장 1-4절의 오순절 성령 임재 사건이다. 이때 성령은 불같이, 바람같이 강력하게 임하셨다. 그러나 성령은 항시 불같이, 바람같이 임하시는 것은 아니다. 우리가 잘 아는 대로, 예수께서 세례받으실 때 성령은 비둘기같이 조용하게 임하셨다(마 3:16). 물론, 사도행전에서도 8:26-30이나 13:1-3에서와 같이 성령께서 조용히 말씀만 하시는 경우도 있다. 그러나 전체적으로 볼 때,

---

34 필자는 바울의 바리새인으로서의 영성을 "열심과 자기 의로 나타난 위선, 그리고 숨겨진 갈등"으로 이해했다. 상세한 내용은 필자의 「바울의 영성신학」(계명대출판부, 2018), 16-32 참조

35 허도화, 계명예배설교학회 『예배와 설교의 영성』(지식과감성, 2019), 165

사도행전에서는 성령께서 사도들과 제자들에게 능력으로 임재하셔서 선교사역을 역동적으로 확장해 나간다. 성령의 능력을 입은 사도들과 제자들은 곳곳에 교회들을 개척했다.

그러나 세워진 교회들에서 여러 가지 문제들이 발생하기 시작했다. 특히 고린도 교회에서는 파당, 음행, 재판문제, 은사의 오용과 남용 등 각 가지 문제들로 인해서 바울은 교인들이 성숙해야 할 필요를 강하게 느꼈다: "너희는 아직도 육신에 속한 자로다 너희 가운데 시기와 분쟁이 있으니 어찌 육신에 속하여 사람을 따라 행함이 아니요"(고전 3:3). 이런 현상은 오늘날에도 성령의 인격성이 결여된 능력과 은사 중심의 성령이해를 강조하는 교회에서 빈번하게 발생한다. 그래서 그는 그의 서신들에서 성령께서 성도들의 심령에 내재하셔서 그들의 삶을 성숙케 하시는 사역을 상세하게 가르치고 있다. 이러한 변화는 외형적 성장 지향적 성령이해에서 내면적 성숙 지향적 성령이해로 전환되어야 하는 것을 말한다. 이것은 또한 급진적, 위기적 삶에서의 역동적 성령이해에서 점진적, 일상적 삶에서의 인격적인 성령 이해로의 전환을 뜻한다.[36]

오늘날 우리 교회도 이와 유사한 이유로 성령의 교제를 통한 인격적 사역에 관심을 가져야 할 때이다. 인격적 실체로서의 성령은 영성 형성의 주체가 되며, 성령께서 주시는 비인격적 실체로서의 능력과 은사들은 영성 형성의 수단이 된다.

성령의 인격적 사역은 성령께서 우리의 인격적 요소인 인지적, 정서적,

---

36 성령의 새로운 이해를 위해서 "신약성경에 나타난 성령구절들"을 부록으로 첨부한다. 참고로, 국어사전에 나타난 성령의 정의를 살펴본다: "기독교에서 이르는 삼위일체의 제3위. 진리의 신으로서 신자의 영적생활의 근본이 되며, 교회를 세우고 다스리는 힘의 원천으로서 인격화된 초자연적인 존재" 「동아새국어사전」(두산동아, 1997), 1152

행위적 영역에서 사역하신다는 의미이다. 권택조에 의하면, 성령의 인지적 사역은 주로 성경말씀을 통해서, 정서적 사역은 기도를 통해서, 행위적 사역은 전도, 제자도와 지도력을 통해서 이루어진다.[37] 성령의 전인적 사역은 지, 정, 의의 영역에서 통합적이고 유기적인 관계 속에서 이루어진다. 성령께서 행하는 이 세 분야의 사역은 엄격히 구분할 수 없는 경우도 많고, 단기적으로 관찰할 수 없는 경우도 많을 것이다.

성령은 보혜사(保惠師)라 불리는데, 이 용어의 의미는 은혜를 보전, 보호하시는 분이라는 뜻이다. 이 은혜는 우리가 예수 그리스도로부터 받은 구원의 은혜이다. 결국, 보혜사 성령님은 우리가 이 어렵고 힘든 세상을 살아갈 동안, 예수 그리스도로부터 받은 은혜를 잃어버리지 않도록 그 은혜를 보전, 보호하시고 지키시는 분이다. 그래서 보혜사 성령님은 우리가 예수께로부터 받은 구원의 은혜를 잃지 않도록 위로하시고, 상담하시고, 대언하시고, 변호하시며, 도우시는 분이다. 성령의 이런 사역으로 우리의 거칠고 굳은 마음이 부드럽게 되어 우리가 구원의 은혜를 새롭게 깨닫게 된다.

요한은 삼위일체의 관계적 구도 안에서 성령을 이해하는 것이 독특하다. 예수께서 아버지께 간구하심으로 성령이 우리와 함께 영원히 거하신다:

> 내가 아버지께 구하겠으니 그가 또 다른 보혜사를 너희에게 주사 영원토록 너희와 함께 있게 하리니 그는 진리

37 「기독교 영성신학」(CLC, 2009), 91-158

> 의 영이라 세상은 능히 그를 받지 못하나니 이는 그를 보지도 못하고 알지도 못함이라 그러나 너희는 그를 아나니 그는 너희와 함께 거하심이요 또 너희 속에 계시겠음이라 (요 14:16-17).

이 보혜사 성령은 예수 그리스도를 증언하시고(요 15:26), 예수께서 우리에게 가르치신 것을 생각나게 하신다(요 14:26). 그리고 이 성령께서 가르치시는 것은 독자적인 것이 아니요 오직 예수께로부터 들은 것을 말씀하신다(요 16:13).

바울은 그의 여러 서신들에서 성령의 내주하심을 통하여 우리의 속사람을 변화시키는 성령의 다양한 사역을 상세하게 설명하고 있다:

성령을 받은 것은 복음을 듣고 믿음으로다(갈 3:2, 고전 2:12). 성령께서 너희 안에 계시니(고전 3:16, 딤후 1:4), 너희는 성령의 전이다(고전 6:19). 주의 영이 계신 곳에는 자유함이 있고(고후 3:17), 그의 영으로 말미암아 그와 같은 형상으로 변화한다(고후 3:18). 그래서 그리스도의 영이 없으면 그리스도인이 아니다(롬 8:9). 성령은 한 분이시기에(엡 4:4) 우리는 한 성령을 마시고(고전 12:13), 한 성령이 모든 은사들을 주시고(고전 12:11), 한 성령 안에서 아버지께 나아가고(엡 2:18), 성령 안에서, 그리스도 안에서 함께 지어져 가고(엡 2:22), 평안의 매는 줄로 성령이 하나되게 하신 것을 힘써 지켜야 한다(엡 4:3).

성도는 성령을 따라 난 자로서(갈 4:29), 성령의 기쁨으로 말씀 받고(살전 1:6), 성령의 감화 받고(고후 6:6), 성령으로 기도하고(엡 6:18), 성령으로 시작하며(갈 3:5), 성령 안에서 씻음 받고(고전 6:11), 성령으로 세례 받고(고전 12:13), 충만하고(엡 5:18), 성령의 인도하시는 바가 되면(갈 5:18), 성령으로 증언하고(롬 9:1), 사랑을 알게 되고(골 1:8), 성령의 열매가 맺히며(갈 5:22), 성령의 약속을 받고(갈 3:14), 성령으로 기다리고(갈 5:5), 성령의 거룩하게 하심(살후 2:13; 롬 15:16)과 성령의 새롭게 하심을 입고(딛 3:5), 성령을 따라 행하고(갈 5:16), 성령으로 살고(갈 5:25), 성령의 새로운 것으로 섬기며(롬 7:6; 빌3:3), 성령을 위하여 심는 자는 성령으로부터 영생을 거두며(갈 6:8), 성령의 능력으로 소망이 넘친다(롬 15:13).

성도는 성령의 교제를 하며(빌 2:1), 성령의 교통이 있으며(고후 13:13), 성령의 직분을 가지며(고후 3:8), 성령의 일들을 하고(고전 2:14), 마귀와 대적하기 위해 성령의 검 곧 하나님의 말씀을 가지며(엡 6:17), 성령의 처음 익은 열매를 받은 성도도 탄식하며(롬 8:23), 육체의 소욕은 성령을 거스리고 성령은 육체를 거스리며(갈 5:17), 성령을 근심하게도(엡 4:13), 소멸하지도 말아야 한다(살전 5:19).

이상을 종합해 보면, 성령께서 우리 안에 거하시면 성령의 다양한 사역으로 말미암아 우리는 성령 안에서 하나가 되고 성령의 인도하심에 따라 살게 된다는 것을 알 수 있다.

W. 바클레이(Barclay)는 바울서신에 나타난 성령의 다양한 사역을 잘 요약하고 있다:

> 바울 서신을 공부하면 성령 없이는 그리스도인의 삶이란 도대체 있을 수가 없다는 근본적인 사실을 알게 된다. 성령이 없이 인간은 그 자신에게 뿐 아니라, 이웃에 대해 그

리고 하나님에 대해서도 바르게 살아갈 수 없다.[38]

성령의 이런 다양한 사역은, 에스겔이 예언한 것처럼, 우리의 굳고 거칠은 마음을 부드럽게 함으로 우리가 이 세상에서 하나님의 말씀을 준행하며 살아갈 수 있게 한다.

그러나 성령의 이러한 사역은 성령의 독자적인 사역이 아니다. 이 사역의 방향과 목표는 그리스도에게로 향해 있다. 그래서 성경적 영성은 그리스도와 성령 간의 필연적인 연합을 강조한다. 칼빈은 성령과 그리스도의 관계를 이렇게 설명한다: "... 성령은 그리스도와 우리를 효과적으로 결합시켜주는 띠이다"[39]. 마치 띠로 말미암아 어린아이가 어머니의 등에서 떨어지지 아니하는 것과 같이, 성령은 우리가 그리스도의 등에서 떨어지지 않도록 단단히 매어주는 띠와 같다.[40]

이렇게 될 때 우리의 삶 속에서 성령의 열매가 맺혀지게 된다. 성령의 열매는 우리의 속 사람이 성령의 능력으로 그리스도를 닮는 것을 말한다: "그의 영광의 풍성함을 따라 그의 성령으로 말미암아 너희 속 사람을 능력으로 강건하게 하시고"(엡 3:16). 바울은 믿음이 있으나 성숙하지 못한 사람들을 "육신에 속한 자" 곧 "그리스도 안에서 어린 아이들"이라고 규정하면서, 믿음이 성장하기를 촉구하였다(고전 3:1-2). 히브리서 기자도 이렇게 권면한다: "때가 오래 되었으므로 너희가 마땅히 선생이 되었을 터인데 너희가 다시 하나님의 말씀의 초보에 대하여 누구에게서 가르침을

---

38 「성령의 약속」 서기산 역(기독교문사, 1982), 155

39 칼빈, *Institutes*(기독교강요), 3, 1, 1

40 보혜사 성령의 사역과 성자와의 관계성에 관해서는 필자의 「요한의 영성」(계명대출판부, 2016), 179-206 참조

받아야 할 처지이니 단단한 음식은 못 먹고 젖이나 먹어야 할 자가 되었도다. ... 그러므로 우리가 그리스도의 도의 초보를 버리고 ... 완전한 데로 나아갈 지니라."(5:12, 6:1-2).

2) 성령의 내면성찰

성령의 능력으로 우리 속 사람이 변화되기 위해서는 우리가 타인을 보기 이전에 나의 속사람이 그리스도를 닮았는지, 자신을 살피는 것이 중요하다. 그래서 영성수련은 내면성찰에서부터 시작된다고 할 수 있다. 우리는 다른 사람들을 비판하고자 하는 마음을 억제하고 스스로를 헤아려야 한다. 산상수훈에서 예수께서는 바로 이것을 가르치셨다:

> 비판을 받지 아니하려거든 비판하지 말라 너희가 비판하는 그 비판으로 너희가 비판을 받을 것이요 너희가 헤아리는 그 헤아림으로 너희가 헤아림을 받을 것이니라(마 7:1-2).

우리는 자신을 성찰함으로 하나님의 형상을 회복할 수 있다. 성찰훈련으로 나의 겉모습을 보기보다 나의 속을 들여다 보아야 한다. 우리는 이렇게 함으로 하나님과의 새로운 만남을 통해 삶의 새로운 변화를 체험해야 한다: "너희 안에서 행하시는 이는 하나님이시니 자기의 기쁘신 뜻을 위하여 너희에게 소원을 두고 행하게 하시나니"(빌 2:13). 손양원 목사는 성자(省子)로서 자신을 끊임없이 성찰함으로서 성자(聖子)가 되었다고 한다.

오늘날에는 우리 자신을 성찰하기가 쉽지 않다. 그 이유는 우리의 일상적 신앙생활에서 우리의 내면을 살피시는 성령님과의 내적 교류가 빈약하기 때문이다. 1세기에는 성령의 임재나 교제를 잘 인식할 수 있었다. 신약성경의 교회는 성령의 직접적인 인도하에서 세워지고 유지 발전되었다. 이와 대조적으로, 21세기는 우리가 제도적인 교회와 조직 안에 있다. 이렇게 됨으로 복음의 본질이 희석되거나 변질될 위험이 늘 뒤따른다. 그 일례로 현대 교회에서는 성령에 대해 설교나 교육을 잘 하지 않는다. G. D. 피(Fee)는 이 점을 잘 지적하고 있다:

> 우리는 예수 그리스도께(올바르게) 중심을 맞추어왔으나 성령에 대해서는 자신하지 못한다. 우리의 신조와 찬송에 성령에 대한 확실한 고백이 포함되어 있고 대화를 나누는 중에도 성령이 언급되기는 하지만, 학자들과 믿음의 공동체인 교회에서는 사실상 성령이 무시되어 왔다[41]

복음이 문자와 제도 속에 갇혀있을 때 자유의 길을 열어 주시는 분이 성령이시다. 바울은 말씀한다: "주는 영이시니 주의 영이 계신 곳에 자유가 있느니라"(고후 3:17). 그래서 우리는 우리의 교회생활에서 성령의 임재와 내주를 충분히 느끼면서 살아가는가를 점검해 보아야 한다. 제도와 신앙의 주제를 누구보다도 예리하게 관찰하고 해결책을 제시한 사람이 요한이다.[42] 예수의 말씀처럼, 우리는 우리 삶에 빛이 있는지 점검해 보

---

41 「바울, 성령, 하나님의 백성」(좋은 씨앗, 2007), 18

42 필자는 「요한의 영성」(계명대출판부, 2016), 특히 1장 서론 부분에서 이 주제를 다루었다.

아야 한다. 그래서 성경적 영성수련이 필요하다.

이 영성수련은 성령의 임재와 내주 기도로 시작한다. 바울은 에베소 교인들을 위하여 이 기도를 하였다. 이 간절한 기도에는 성령의 임재와 그 사역이 잘 나타나 있다:

> 우리 주 예수 그리스도의 하나님, 영광의 아버지께서 지혜와 계시의 영을 너희에게 주사 하나님을 알게 하시고 너희 마음의 눈을 밝히사 그의 부르심의 소망이 무엇이며 성도 안에서 그 기업의 풍성함이 무엇이며 그의 힘이 위력으로 역사하심을 따라 믿는 우리에게 베푸신 능력의 지극히 크심이 어떠한 것을 너희로 알게 하시기를 구하노라(엡 1:17-19).

이 기도는 성령의 임재와 조명 사역을 위한 기도이다. 허도화에 의하면, "여기에서 바울은 새로운 계시를 위해서가 아니라 그들이 이미 알고 있던 진리에 관한 영적 조명을 위해 기도하고 있었다. 이런 바울의 기도가 바로 오늘의 설교자들에게 절대적으로 필요한 것이다."[43]

우리가 거듭 경계해야 할 것은 우리 자신이 영성사역의 주체가 되어서는 아니 된다는 것이다. 우리가 우리 자신을 수련하는 데에는 분명 한계가 있기 마련이다. 성령께서 우리 자신을 잘 알고 계시기에 그를 믿고 따르면 우리를 주님께 인도하실 것이다. 찬송가 189장 1절 가사가 이를

---

43 「예배와 설교의 영성」, 179

잘 표현하고 있다: "진실하신 주 성령 성도 곁에 계시사 순례 길을 갈 때에 손을 잡아 주소서 모든 곤한 사람들 기쁜 소식 들으니 성령 말씀하시기를 나를 따라 오너라". 그래서 영성수련에서 우리에게는 교만이나 자랑의 어떠한 근거도 없다. 이 영성수련은 결국 "... 항상 복종하여 두렵고 떨림으로 구원을 이루라"(빌 2:12)라는 말씀을 따르는 것이다.

성령 없이 그리스도인들의 삶이 없듯이, 복음전파도 성령 없이는 있을 수 없다. 프란시스 쉐퍼는 복음전파에서 성령임재의 중요성을 이렇게 요약한다:

> 사도행전의 1장에서는 그리스도의 부활과 승천사이에는 복음을 전하지 말고 우선 성령님을 기다리고 그후에 복음을 전하라고 명하셨다. 성령없이 복음을 전한다는 것은 우리 시대를 향한 예수 그리스도의 명령의 전체적인 핵심을 상실하는 행위이다.[44]

예수께서도 사역을 하시기 전 성령을 받으셨다: "예수께서 세례를 받으시고 곧 물에서 올라오실새 하늘이 열리고 하나님의 성령이 비둘기 같이 내려 자기 위에 임하심을 보시더니"(마 3:16). 우리는 이 찬송을 부르면서 성령님의 임재를 기도해야 한다: "비둘기 같이 온유한 은혜의 성령 오셔서 거친 맘 어루만지사 위로와 평화 주소서"(찬송가 187장 1절).

---

44 권혁봉 역 「진정한 영적생활」(생명의 말씀사, 1988), 126-127

5. 성경적 영성 형성의 시작: 성경 말씀 묵상

성경적 영성은 성경적 인간관과 삼위일체론의 신학적 기초 위에서 예수 그리스도의 영성을 모형으로 삼아 성령의 인도하심에 따라 형성되는 영성이다. 이 영성은 신학적 기초와 예수 그리스도의 영성과 성령의 인도하심에 따라 구체적으로 성경말씀을 묵상하고, 그 묵상한 말씀에 근거해서 우리 삶을 성찰함으로 형성된다. 그래서 성경적 영성은 하나님의 말씀이라는 측면과 삶의 변화라는 측면이 통합됨으로 형성되는 것이다. 하나님과의 만남과 삶의 변화를 가능하게 하는 확실한 통로가 성경묵상이다. 필자는 성경말씀을 통한 하나님과의 만남이라는 주제는 이번 장의 성경말씀 묵상에서 다루고, 말씀에 근거해서 우리 자신을 성찰함으로 일어나는 역사적 삶 속에서의 변화는 다음 장의 인생 묵상에서 다루어 보고자 한다.

1) 성경묵상의 원리

묵상이 전인적 건강 즉, 몸과 혼과 영의 건강에 유익하다는 사실이 과학적으로 입증되면서 묵상에 대한 관심과 연구가 활발해졌다.[45] 묵상은 그 개념이 광범위하고 방법도 다양하지만, 성경적 영성에서는 말씀 묵상

---

45 권택조, 「기독교 영성신학」(CLC, 2009), 217-218

을 중심으로 살펴본다.

H. 라이스(Rice)는 개혁주의 전통에서 개인적인 말씀묵상의 중요성을 강조했다. 그에 의하면,

> 성경에 대한 공적이며, 협력적인 이용들은 개인적인 말씀 묵상의 교정자 역할을 하며, 개인적인 말씀 묵상이 지나치게 내향적이 되는 것을 막아준다. 하지만 공적인 성경 이용이 개혁주의 경건의 중요한 특징인 개인적인 말씀 묵상을 대신하지 못한다.[46]

성경묵상은 교회에서나 성경공부 그룹에서도 행해지지만, 우리의 인격변화를 위해서는 개인적인 말씀묵상이 그만큼 중요하다는 것이다. 우리의 인격은 지, 정, 의로 구성되어 있다. 성경공부에서 성경말씀을 인지적 영역에서 다룬다면, 묵상은 성경말씀을 인지적 영역에서 더 나아가 정서적 영역과 의지적 영역으로 확대하는 것이다. 즉 이 단계는 우리가 성경말씀을 머리로 이해하는 차원을 넘어 마음으로 느끼고 행하는 것이다.

성경말씀 묵상에서 묵상의 대상인 성경은 일반적인 책이 아니다. 예수께서는 하나님의 말씀이 성령에 의한 것임을 분명히 말씀하셨다: "하나님이 보내신 이는 하나님의 말씀을 하나니 이는 하나님이 성령을 한량없이 주심이라"(요 3:34). 또한 성경 스스로가 성경의 본질에 관해서 이렇게 증언하고 있다: "모든 성경은 하나님의 감동으로 된 것으로 교훈과 책

46 「개혁주의 영성」 황성철 역(CLC, 2010), 140

망과 바르게 함과 의로 교육하기에 유익하니"(딤후 3:16). 성령께서는 성경의 말씀을 통해서 우리를 모든 진리로 인도하신다: "그러나 진리의 성령이 오시면 그가 너희를 모든 진리 가운데로 인도하시리니 그가 스스로 말하지 않고 오직 들은 것을 말하며 장래 일을 너희에게 알리시리라"(요 16:13). 이것은 성령께서 우리의 인지적 영역에서 사역하시는 것을 말한다.

성경말씀은 하나님의 감동으로 된 것이기에 묵상은 성령의 조명으로 말씀을 통해서 하나님의 진리를 깨닫고 감동을 느끼는 것이 목적이다. 허도화에 의하면, 성령의 조명에서 "영적 조명의 근원은 성부 하나님이시며, 성령은 그 통로의 역할을 한다. 조명은 종종 성령에서 하나님이 영적 진리를 계시하는 영감(inspiration)과 관련되어 언급되지만 신비적인 것은 아니다."[47] 성경은 진리의 책이기에 성령의 조명에 의한 진리를 분명하게 깨달아야 한다. 프란시스 쉐퍼(Schaeffer)가 이 점을 명확하게 설명해준다: "우리 믿음의 기초는 종교적 체험이나 감정의 경험이 아니라, 하나님께서 주시는 진리라는 것을 분명히 해두어야 한다."[48] 우리가 성령의 조명으로 하나님의 진리를 깨닫고 하나님의 감동, 혹은 영감, 즉 성령의 감동을 느낄 때, 말할 수 없는 기쁨이 충만해진다. 우리가 하나님의 감동을 느낄 때, 에스겔이 예언한 것처럼, 우리 마음의 굳은 것이 제거되고 마음이 부드러워진다. 이것은 성령께서 우리의 정서적 영역에서 사역하신다는 것을 의미한다. 그래서 말씀 묵상은 성령의 조명을 통한 성령의 감동과 하나님의 진리에로의 초대라고 할 수 있다. 허도화는 성령의 조명에 관해서 이렇게 말한다: "성령의 조명은 우리의 성경 공부와 묵상을 통해

47 앞의 책, 179
48 김정우, "성경의 영성과 성경적 영성", 82에서 재인용

성경을 영적 진리로 이해하고 감동시킬 뿐 아니라 또한 우리의 삶에 적용하도록 돕는다."[49] 성경 말씀의 묵상에서 성령의 조명을 받기 위해서는 우리의 삶이 정결해야 한다. 그래서 시편 기자는 이렇게 적고 있다: "복있는 사람은 악인들의 꾀를 따르지 아니하며 죄인들의 길에 서지 아니하며 오만한 자들의 자리에 앉지 아니하고 오직 여호와의 율법을 즐거워하여 그의 율법을 주야로 묵상하는도다 ... 그가 하는 모든 일이 다 형통하리로다"(시 1:1-3).

A. 말씀 안에는 무엇이 있을까 ?

성령의 감동으로 영안이 열리게 되면, 성경 말씀에서 놀라운 것들을 많이 볼 수 있다: "내 눈을 열어서 주의 율법에서 놀라운 것을 보게 하소서"(시 119:18). 시편 기자는 율법에서 놀라운 것을 보게 해달라고 했는데, 놀라운 것이 무엇일까?

율법 즉 말씀 안에는 놀라운 것들이 많다. 생명, 지혜와 지식, 능력, 하나님 체험, 그리스도와의 만남 등등. 무엇보다도, 말씀 안에는 모든 것의 근본인 생명이 있다: "그 안에 생명이 있었으니 이 생명은 사람들의 빛이라"(요 1:4). 생명은 헬라어로 두가지 의미가 있다. 첫째는 비오스(bios), 또는 프쉬케(psuche)로서 일반적인 생명개념이고, 둘째는 조에(zoe)로서 말씀 안에 있는 생명이요, 영적인 생명이다. 그리고, 말씀 안에는 어리석은 사람들을 가르치는 빛 즉 지혜와 지식이 있다: "주의 말씀을 열면 빛이 비추어 우둔한 사람들을 깨닫게 하나이다"(시 119:130). 이 빛으로 말미

---

49 앞의 책, 181

암아 사람들은 어둠 속에서 구원의 진리를 발견한다. 그래서 베드로는 이 말씀이 우리를 거듭나게 하는 '썩지 아니할 씨'라고 하였다:

> 너희가 거듭난 것은 썩어질 씨로 된 것이 아니요 썩지 아니할 씨로 된 것이니 살아있고 항상 있는 하나님의 말씀으로 되었느니라 그러므로 모든 육체는 풀과 같고 모든 영광은 풀의 꽃과 같으니 풀은 마르고 꽃은 떨어지되 오직 주의 말씀은 세세토록 있도다 하였으니 너희에게 전한 복음이 곧 이 말씀이니라(벧전 1:23-25).

말씀에는, 또한, 역사를 변화시키는 능력이 있다. 어거스틴은 로마서 13:12 말씀으로 변화되었다: "밤이 깊고 낮이 가까웠으니 그러므로 우리가 어둠의 일을 벗고 빛의 갑옷을 입자." 루터는 로마서 1:16-17 말씀으로 종교개혁의 역사를 시작하였다:

> 내가 복음을 부끄러워하지 아니하노니 이 복음은 모든 믿는 자에게 구원을 주시는 하나님의 능력이 됨이라 먼저는 유대인에게요 그리고 헬라인에게로다. 복음에는 하나님의 의가 나타나서 믿음으로 믿음에 이르게 하나니 기록된 바 오직 의인은 믿음으로 말미암아 살리라 함과 같으니라.

로마서 11:36 말씀은 칼빈 신학의 핵심이다: "이는 만물이 주에게서 나오고 주로 말미암고 주에게로 돌아감이라 그에게 영광이 세세에 있을지어다 아멘." - 이 구절은 하나님의 절대적 주권을 선포하고 있다.

말씀의 신비와 능력을 체험한 요한은 그의 복음을 말씀 시로서 시작한다:

> 태초에 말씀이 계시니라 이 말씀이 하나님과 함께 계셨으니 이 말씀은 곧 하나님이시니라 그가 태초에 하나님과 함께 계셨고 만물이 그로 말미암아 지은바 되었으니 지은 것이 하나도 그가 없이는 된 것이 없느니라 그 안에 생명이 있었으니 이 생명은 사람들의 빛이라 빛이 어둠에 비치되 어둠이 깨닫지 못하더라(요 1:1-5).

그리고, 이 말씀이 성육한 분이 예수 그리스도시다: "말씀이 육신이 되어 우리 가운데 거하시매 우리가 그의 영광을 보니 아버지의 독생자의 영광이요 은혜와 진리가 충만하드라"(요 1:14). 말씀 묵상은, 간단히 말해서, 예수 그리스도에 대한 묵상이요 하나님에 대한 묵상이다. 그래서 우리는 말씀 안에서 하나님과 예수 그리스도를 만날 수 있다. 이 말씀은 또한 성령의 검으로서 마귀와 대적할 때 유용한 무기가 된다: "구원의 투구와 성령의 검 곧 하나님의 말씀을 가지라"(엡 6:17). 우리는 말씀으로 사탄의 온갖 유혹과 시련을 이겨낼 수 있다.

우리가 말씀으로 역사를 바꾸는 것도 중요하지만, 매일 살아가는 삶이 말씀으로 바뀌는 것도 중요하다. 찬송가 가사에 잘 나타나 있듯이, 오묘한 말씀은 우리의 길과 믿음을 밝히 보여 주신다(200장 1절). 주님은 내일을 예측할 수 없는 불안한 시대를 사는 우리들에게 위로와 격려의 말씀을 주신다: "그러므로 내일 일을 위하여 염려하지 말라 내일 일은 내일이 염려할 것이요 한 날의 괴로움은 그 날로 족하니라"(마 6:34); "내가 네게 명령한 것이 아니냐 강하고 담대하라 두려워하지 말며 놀라지 말라 네가 어디로 가든지 네 하나님 여호와가 너와 함께 하느니라 하시니라"(수 1:9).

우리가 매일 3끼 일상적 식사를 하는 것이 우리를 지탱한다. 영적 양식을 먹는 말씀묵상도 이와 같다. 묵상은 말씀 안에 있는 생명, 지혜와 지식, 능력을 얻고, 하나님과 예수 그리스도를 만나는 방법이다. 성경의 묵상과 일반적인 명상을 구별해야 한다. 명상은 사색이나 사유 그 자체에 초점을 맞춘다. 이에 반하여, 묵상은 반성과 순종의 개념과 연결된다. 반성은 회개로 이어진다. 그래서 묵상은 듣기와 순종이다. 하나님의 말씀을 듣고 그의 뜻을 아는 것과 그 뜻에 따라 행하는 것이 묵상의 궁극적 목적이다.

예수께서는 하나님의 뜻을 모르거나 저버리고 자신의 뜻에 따라 종교적 행위를 하는 자들에게 경고하셨다: "나더러 주여 주여 하는 자마다 다 천국에 들어갈 것이 아니요 다만 하늘에 계신 내 아버지의 뜻대로 행하는 자라야 들어가리라"(마 7:21). 그리고 그의 산상수훈에서 예수께서는 주옥같은 말씀들을 하시고 난 후, 우리가 잘 아는 비유로 그 수훈을 끝맺는다. 주님의 말씀을 듣고 행하는 자는 반석 위에 집을 지은 지혜로운 자와 같고, 행하지 않는 자는 모래 위에 집을 지은 어리석은 자와 같다(마 7:24-27).

묵상을 왕의 사자를 맞이하는 예식에 비유해 볼 수 있다. 왕의 메시지를 전하는 사자는 우리가 일정한 예식을 갖추고 맞이해야 한다. 하나님 나라의 소식을 전하는 사자가 하나님 말씀이다. 묵상은 이 하나님 나라의 사자를 맞이하는 예식이다. 마음의 무릎을 꿇고 경외심을 가지고, 기쁨과 감사함으로 이 사자의 메시지를 듣고 순종하는 것이 묵상이다.

B. 성경공부와 묵상

묵상은 성경공부와 다르다. 성경공부는 성경에 대한 주석적, 체계적 지식을 추구하는 것이다. 성경에 대한 지식은 우리의 믿음을 견고하게 한다. 바울의 교훈처럼, 예수 그리스도를 아는 지식과 믿음은 하나가 되어야 우리의 신앙이 흔들리지 않는다: "우리가 다 하나님의 아들을 믿는 것과 아는 일에 하나가 되어 온전한 사람을 이루어 그리스도의 장성한 분량이 충만한 데까지 이르리니"(엡 4:13). H. 라이스(Rice)는 교회가 성경공부와 연구에 보다 많은 관심을 가져야 된다고 보면서 이렇게 조언한다:

> 모든 교회는 이용 가능한 학문적 도구들에 관심을 가지고 주의 깊게 성경을 읽어야 한다. 너무나 자주 목회자들은 사람들에게 학자들의 통찰력을 받아들이고 그로부터 자랄 수 있는 능력이 있음을 인정하지 않는다. 그 결과 지적인 그리스도인들이 성경에 대해 유치한 태도들을 지닌 상태로 남아 있게 되었다. 신자들에게 제공된 성경 연구반들도 서론적인 수준에서 그침으로써 더욱 세밀한 연구를 위한 준비가 되어 있는 사람들에게 아무것도 제공해 주지 못하는 경우가 많다.[50]

H. 라이스의 지적처럼, 우리 교인들에게 보다 심도 깊은 성경공부의

---

50 「개혁주의 영성」, 141

기회가 주어져야 한다. 이와 동시에, 우리는 일반적인 성경공부가 가지고 있는 한계도 알아야 한다. 무엇보다도, 성경공부는 성경공부 그 자체로 끝나서는 안 된다. 성경공부는 반드시 성경묵상으로 이어져야 한다.

성경공부는 성경본문의 역사적, 문학적, 신학적 의미를 찾는 데 중점을 두는 반면에, 묵상은 성경 말씀의 영적 의미를 찾고 그것을 내 삶에 적용하는 것을 목적으로 한다. 물론, 우리는 하나님의 말씀을 공부하거나 연구함으로 하나님의 뜻을 깨닫고 기쁨을 느끼지만, 이 감동은 오래 지속되지 못한다. 그것은 이 감동이 우리 마음속에 깊이 뿌리내리지 못했기 때문이다. H. 라이스에 의하면,

> 지식이 자동적으로 우리의 삶을 바꾸지는 못한다. 많은 훌륭한 성경 연구가 가지는 일련의 한계는, 그것이 사람들의 삶으로 이어지는 다리를 만들지 못한다는 것이다. 사람들은 그 본문이 그들과 무슨 관계가 있는지 알지 못한 채 그 본문에 대해 많은 정보만 얻는다.[51]

이렇게 될 때, 우리는 신앙생활을 오래 하면서도 신앙의 성숙을 이루지 못한다. 조윤영과 최봉도의 조사연구에 의하면, 신앙햇수가 신앙성숙을 보장하지 못하며, 신앙햇수는 오직 지적 영역에서만 영향을 미친다. 이 연구결과에 의하면,

> 오랜 기간 동안 신앙을 형성하고 유지할수록 기독교 신앙에 대한 내

51 위의 책, 141-142

용과 가치관에 대한 지식적 차원의 성숙은 가져올 수 있다. 하지만 신앙을 가진 기간이 길더라도 정서적 신앙성숙과 의지적 신앙성숙은 가질 수 없다.[52]

그리고 그들은 이렇게 결론을 맺는다: "본 연구는 신앙을 가진 기간이 길다고 하여 성숙한 신앙을 가졌다고 단정지을 수 없음을 보여준다."[53]

이 연구결과는 신앙기간이 길더라도 신앙의 인지적 영역이 정서적 영역과 의지적 영역과 연결되지 않아 결과적으로 신앙성숙이 이루어지지 않음을 보여준다. 인격체의 지, 정, 의는 상호 배타적인 것이 아니고 개별적이고 독립적인 것도 아니다. 이 세 영역은 유기적이며 불가분리의 관계를 가지고 있다. 지적 영역만 발달한다고 할 때, 그 인지적 발달의 성격을 고찰해 볼 필요가 있다. 이런 경우, 성경말씀을 통한 인지적 발달은 성경지식이 일반적, 객관적, 외적인 것에 치중하여 개인적, 실존적, 내적인 면이 상대적으로 취약해 진다. 그래서 이렇게 형성된 인지적 발달은 정서적 반응과 의지적 행위를 이끌어 내지 못한다. 이 문제는 교인들의 신앙 성숙에 비중이 큰 설교의 문제와 직결된다. 허도화는 이 점을 잘 지적하고 있다:

> 바울의 설교사역으로부터 우리가 얻는 통찰은 오늘날

52 "신앙성숙에 미치는 영향 분석: 신앙경력, 부모애착, 하나님 이미지" *기독교교육정보* 47권 2015, 315
53 위 논문, 293

> 설교자들이 직면하는 가장 큰 위험들의 하나가 그들의 설교가 전반적으로 지적인 내용과 형식에 의존한다는 것이다. 주의 깊게 묵상하고 정성을 들이는 주석과 강해 중심의 설교 사역이라 해도 하나님의 말씀에 동반해야 할 생명력, 즉 성령의 역동성을 상실한다는 것이다.[54]

이런 측면에서 볼 때, 성령 안에서 개인적이며 내적인 성찰을 추구하는 말씀묵상은 지, 정, 의를 온전하게 통합시켜주는 통로가 될 수 있다.

묵상은 단순히 말씀을 연구하는 것을 넘어 나의 삶과 말씀과의 관계를 깊이 생각함으로, 하나님의 감동을 우리 마음속에 심고 뿌리내리는 영적 수련이다. 그래서 말씀 묵상은 말씀에 집중, 몰두, 전념하는 훈련이라 할 수 있다. 생각이 깊지 못하면 활동의 성과는 많지만 깨달음이 적다. 깨달음이 적으면 혼돈과 무의미로 고통을 당한다.

R. 포스트(Foster)에 의하면, "성경 공부는 주석을 중심으로 하는 반면, 성경 묵상은 본문을 내면화하고 개별화하는 데 중점을 둔다".[55] 성경 묵상은 말씀을 나의 삶 속에 개별화하고 내면화하여 적용하는 것이다. 개별화한다는 것은 말씀을 일반화하고 객관화하여 다른 사람을 판단하는 것이 아니라, 말씀으로 철저히 내 자신을 살피는 것이다. 내면화한다는 것은 말씀으로 행위나 활동의 외적 규범을 찾는 것이 아니라, 자신의 내적이며 영적인 상태를 살피는 것이다. 말씀이 각자의 삶에 개별적으로, 내면적으로 역사할 수 있기 위해서는 성령의 조명을 받아야 한다. 즉 이

---

54 『예배와 설교의 영성』, 167
55 「영적훈련과 성장」(생명의 말씀사, 2005), 50

말씀이 나에게 어떤 의미가 있는지를 성령의 인도로 살펴야 한다.

C. 성령의 조명과 자기 성찰

예수의 말씀처럼, 우리를 모든 진리로 인도하시는 분은 성령이시다. 우리가 성경 공부나 묵상에서 선입견이나 고정관념에 사로잡혀 있으면, 성령께서 말씀을 통해 주시는 진리를 깨닫지 못한다. H. 라이스가 이 점을 잘 지적하고 있다: "중요한 질문에 대한 우리의 대답을 강화하기 위해 성경을 읽는 데까지 이른다면, 우리는 하나님께서 우리에게 하고 계시는 말씀을 듣지 못할 것이다. 우리는 이미 우리가 무엇을 찾고 있는지 알고 있거나 어떤 구절과 이미 친숙하여 그 구절이 가지는 기존의 의미들을 생각한다. 그 때문에 어떤 새로운 것을 기대하기란 실제로 불가능하다."[56] 우리는 성령의 조명을 받을 때와 그렇지 않을 때, 똑같은 성경 말씀을 읽지만 그 결과는 판이하게 다르다. J. 번연(Bunyan)의 말을 들어보자:

> 때때로 나는 한 줄의 성경에서 내가 다 이해할 수 없을 정도로 많은 것을 발견한다. 그러나 또 어떤 때는 성경 전체가 마치 마른 막대처럼 보인다. 더 심하게 말하면, 내 가슴은 성경에 대해 죽고 메마른 나머지, 나는 성경을 다 읽어보아도 신선한 것이라곤 눈꼽만큼도 꿈꿀 수 없는 때가 있다.[57]

---

56 앞의 책, 145
57 J. Bunyan, *Grace Abounding to the Chief of Sinners*, 위의 책, 146에서 재인용

그래서 우리는 성경을 읽기 전에 성령의 임재와 조명을 간구하는 것이 필요하다. 그런데 성령께서 임재하셔서 말씀을 듣기 위해서는 우리가 먼저 자신을 살피는 것이 필요하다. 자기를 살피는 것이 내면성찰이고 자기 점검이다. W. 바클레이(Barclay)는 "그리스도인의 삶에서 가장 무시되는 의무들 중 하나가 자기 점검이고, 이는 너무나 굴욕스러운 훈련이기 때문에 무시되는 것 같다"고 지적했다.[58] S. 찬에 의하면, "자기 점검은 우리의 결함과 약함을 가만히 생각하는 것 이상이다. 우리 마음을 깊이 살필 때, 우리는 실제로 '모든 것, 곧 하나님의 깊은 것이라도 통달하시는'(고전 2:10) 성령께 우리를 점검해 주시기를 요청하는 것이다."[59] 시편 기자는 자신에 대한 하나님의 점검을 간구하고 있다:

> 하나님이여 나를 살피사 내 마음을 아시며 나를 시험하사 내 뜻을 아옵소서 내게 무슨 악한 행위가 있나 보시고 나를 영원한 길로 인도하소서(시 139: 23-24).

하나님의 이러한 점검은 우리 자신에 대한 창조주로서의 예지 즉 미리 아심에 근거하고 있다: "내 형질이 이루어지기 전에 주의 눈이 보셨으며 나를 위하여 정한 날이 하루도 되기 전에 주의 책에 다 기록이 되었나이다"(시 139:16).

내면성찰이나 자기 점검은 자기 관리의 필수적인 전 단계이다. 자기 점검을 무시하거나 게을리 하여 현실적으로 자기 관리가 잘 되지 않아 어

---

58 S. 찬, 앞의 책, 217-218에서 재인용
59 앞의 책, 219

려움을 겪는 사람들이 많다. 그 원인이 일차적으로는 정신 심리적인 데 있지만, 보다 깊은 원인은 영적인 데 있다. R. 포스트가 현대인들이 겪는 문제인 피상성이나 조급증이 영적인 문제라고 진단한 것은 옳은 일이다.[60]

개신교는 천주교에서 행하는 고해성사와 같이 자신의 내면 문제를 성직자를 통해 해결할 수 있는 제도적 장치가 미비하고, 전문적인 상담을 받기도 어렵기 때문에, 교인들의 개인 문제는 교인 자신이 혼자 해결해야 하는 어려움을 안고 있다. 이런 측면에서 볼 때 말씀 묵상은 교인들이 개인의 문제를 해결하는 중요한 기능이라고 할 수 있다. 말씀을 조급하게 읽고 피상적으로 이해하게 될 때, 개인의 근본적인 문제는 해결될 수 없다. 이런 상태에서 신앙생활이 계속될 때, 신앙의 정체나 퇴화는 거의 불가피한 결과가 된다.

우리는 우리의 내면 세계를 잘 모르기 때문에 이 세계에 대한 불안과 혼란을 겪을 수밖에 없다. H. 나우웬(Nouwen)은 이 상황을 어떻게 극복할 것인지를 잘 설명해 주고 있다:

> 그것에 대해 나는 우선 우리 자신이 자기 존재의 중심으로 들어가 내적인 삶의 복잡성을 깊이 이해하는 길 밖에 없다고 생각한다. 자기 안에 평온한 마음을 유지하면서 밝은 장소와 함께 어두운 구석까지, 그리고 통풍이 잘 되는 방들과 마찬가지로 폐쇄된 문들까지를 발견할 수 있게 된다면 우리에게 있어 혼란은 해소되고 불안은 감소되어 마

60 앞의 책, 15

침내는 창조적인 일을 할 수 있게 된다.[61]

그러면 우리가 자기 성찰을 구체적으로 어떻게 할 수 있는가? 우리를 잘 아는 가족이나 친구들이 우리를 살펴서 우리의 잘, 잘못을 이야기 할 때, 우리가 그것을 받아들이기가 쉽지않다. 그렇다고 우리 자신이 우리를 성찰한다는 것도 어렵다. 무슨 기준을 가지고 어떻게 우리 자신을 성찰할 수 있을까? 결론적으로, 우리는 하나님 말씀을 가지고 우리 자신을 살피는 수밖에 없다.

그런데 하나님 말씀이 하나둘이 아닌데, 무슨 말씀을 가지고 어떻게 우리 자신을 살필 수 있을까? 물론 우리는 한두 말씀을 가지고 쉽게 우리 자신을 알기는 어렵다. 그러나 말씀을 평소에 가까이 할 때 하나님께서 적절한 말씀으로 우리 자신을 살필 수 있도록 해 주신다. 그 이유는, 하나님께서 먼저 우리를 찾으시고 우리 마음에 말씀 두시기를 원하시기 때문이다. 선지자 예레미야가 이것을 예언하였다: "그러나 그 날 후에 내가 이스라엘 집과 맺을 언약은 이러하니 곧 내가 나의 법을 그들의 속에 두며 그들의 마음에 기록하여 나는 그들의 하나님이 되고 그들은 내 백성이 될 것이라 여호와의 말씀이니라"(렘 31:33). 이 말씀은 하나님께서 그의 법을 우리의 마음에 기록하겠다는 새 언약을 하신 것이다. 즉 새 언약은 마음에 기록된 언약이다. 이 말씀에 근거하면, 성경적 영성은 말씀을 돌판도 아니고, 책에도 아니고, 영상매체도 아닌, 마음에 기록하는 새 언약의 영성이다. 이 새 언약의 영성은 예수 그리스도의 사역과 성령의 오심으로 이루어진다: "보혜사

61 「상처입은 치유자」이봉우 역 (분도출판사, 1995), 50

곧 아버지께서 내 이름으로 보내실 성령 그가 너희에게 모든 것을 가르치고 내가 너희에게 말한 모든 것을 생각나게 하리라"(요 14:26).

그래서 우리는 규칙적인 성경읽기를 통해서 평소에 성령님과 교통하는 습관을 길러야 한다. 우리가 성경을 읽을때 성령께서 주시는 말씀으로 우리 자신을 살펴야 한다. 우리가 성경을 읽거나, 설교를 듣거나, 기도할 때, 또는 다른 그리스도인을 통해서 특별히 어떤 말씀이 마음에 깊이 와닿을 때가 있다. 성령께서 조명하시면 평범한 말씀, 혹은 우리가 익히 잘 알고 있는 말씀도 갑자기 새로운 깨달음으로 다가온다. 그리고 그 뒤에 성령께서 역사하시는 정서적 반응이 일어난다. 이 정서적 반응은 깊은 평안과 기쁨이 찾아오는 것이다. 이 정서적 반응은 인지적 깨달음과 불가분의 관계에 있다.

로마서 7: 14-25을 보면, 바울은 율법과 죄의 문제로 심한 갈등을 겪다가 한 법을 깨닫는다: "그러므로 내가 한 법을 깨달았노니 곧 선을 행하기 원하는 나에게 악이 함께 있는 것이로다"(7:21). 그리고 그는 이 내면의 법에 얽매여서 고뇌하는 자신과 그 고난에서 자신을 건져주신 하나님과 예수 그리스도에 대한 감사의 정서를 강렬하게 묘사하고 있다: "오호라 나는 곤고한 사람이로다 이 사망의 몸에서 누가 나를 건져내랴 우리 주 예수 그리스도로 말미암아 하나님께 감사하리로다 ...."(7:24-25).

그런데, 문제는 우리에게 깨달음과 그에 따른 감사와 기쁨을 주는 이 말씀을 쉽게 잊어버린다는 것이다. 여기서 우리는 자기 성찰의 기회를 잃어버리게 된다. 다시 말하면, 성령께서 조명하신 이 말씀이 우리 자신을 성찰할 수 있는 좋은 자료가 될 수 있다는 것이다. 주님께서 말씀을 주셨는데, 우리가 그것을 쉽게 잊어버리면, 주님께서 섭섭해 하실 것이다. 그래서 우리는 성령께서 조명하신 말씀을 깊이 묵상하고 기도하면서 우리 자신을 성찰할 수 있는 기회를 놓치지 말아야 한다. 이런 맥락에서 이 경구를 기억하면

좋을 것이다: "읽고 묵상하지 않으면 열매를 맺을 수 없고, 묵상은 하지만 읽지 않으면 위험하고, 기도 없이 읽고 묵상하면 해롭다."[62]

2) 묵상의 방법과 의미

말씀 묵상의 좋은 방법 중의 하나가 본문의 문학적 형식에 유의하면서 본문을 읽고 이해하는 방법이다. 이 방법은 시편은 시로, 서사적 본문은 이야기로, 서신은 편지로써 읽고 묵상하는 방법이다. 시편은 시로 읽고 묵상하면서 깨달은 진리와 정서를 기도로서 주님께 아뢰고 찬양하면 은혜가 될 것이다. 서신 형식의 본문은 발신자와 수신자의 역사적 정황을 이해하고, 거리가 멀어 쉽게 만날 수 없는 사람들에게 구원의 진리를 편지로 전하는 그 간절한 심령을 느끼면서 읽고 묵상하면 새로운 체험을 할 수 있을 것이다. 이야기체 본문은 이야기로 읽고 묵상하는 방법으로서, 성경에는 이야기체로 쓰여진 책들이 많다. 구약성경에는 창세기와 출애굽기를 위시하여 역사서들이 이야기체로 기록되었으며, 신약성경에는 복음서, 사도행전과 요한계시록이 이야기체로 되어있다. 이야기는 쉽고 재미있기 때문에 성경저자들이 이 형식으로 하나님의 말씀을 전하였다. 이야기에는 등장인물, 사건, 배경과 플롯이 있다. 이야기 본문을 이 구성요소별로 읽어보면 본문을 새롭게 재미있게 읽고 묵상할 수 있다. 우리가 이야기 속에 등장하는 어떤 인물이라 가정하고 이야기를 읽고 묵상할 수 있

62 S. 찬, 앞의 책, 225

고, 우리가 겪은 삶의 사건을 통하여 성경이야기를 자신의 체험으로 읽고 묵상할 수 있다. 그리고 이야기의 배경을 상상하면서 성경 이야기를 읽고 묵상할 수 있고, 이야기의 전체 줄거리(플롯)을 마음에 새기면서 성경이야기를 묵상할 수 있다. 이런 방법으로 묵상하면서 우리는 성경본문의 깊은 의미를 깨달을 수 있다.[63]

어거스틴, 루터나 칼빈 같은 역사적 인물들에게만 특별한 말씀을 주시는 것은 아니다. 주님께서는 평범한 우리들에게도 성령을 통하여 마음에 심겨져야 하는 말씀을 주신다: "그러므로 모든 더러운 것과 넘치는 악을 내버리고 너희 영혼을 능히 구원할 바 마음에 심어진 말씀을 온유함으로 받으라"(약 1:21). 여기서 "심어진"(implanted)이란 말은 잇몸에 새로운 이를 심는 임플란트와 같은 의미이다. 마음에 임플란트된 말씀이 달고 오묘한 맛을 내고, 우리의 길과 믿음을 밝히 보여줌으로 우리의 구원을 이루어나간다. 이 찬송을 한번 불러보자:

> 달고 오묘한 그 말씀 생명의 말씀은 귀한 그 말씀 진실로 생명의 말씀이 나의 길과 믿음 밝히 보여주니 아름답고 귀한 말씀 생명 샘이로다 아름답고 귀한 말씀 생명 샘이로다(200장 1절)

우리의 내면 세계를 성령 안에서 자세하게 알려 준 사람이 바울이다. 바울은 신앙인의 내적인 상태와 변화에 대해 자세히 설명하고 있다. 바울

63 성경서사적 읽기의 좋은 참고자료: 김춘이 외 「성경서사 읽기의 이론과 실제」(계명대출판부, 2013).

에 의하면, 우리는 성령님을 통해 우리 자신을 가장 잘 알 수 있다. 자기 자신이나 타인의 눈으로는 자기 자신을 정확하게 알기 어렵다: "오직 하나님의 성령으로 이것을 우리에게 보이셨으니 성령은 모든 것 곧 하나님의 깊은 것까지도 통달하시느니라. 사람의 일을 사람의 속에 있는 영 외에 누가 알리요"(고전 2:10-11).

우리들은 성령 충만으로 능력을 받지만, 성령님은 또한 우리 자신을 깊이 알고 깨닫게 해 주신다. 바울도 성령이 우리의 본성과 깊은 곳까지 통찰하시는 하나님이라는 것을 깨달았다. 이 통찰로 인해서 바울은 '흠이 없는 자'(빌 3:6)라고 자부하다가 '곤고한 자'(롬 7:24)임을 알게 되었다. 이 통찰은 어거스틴으로부터 루터와 칼빈까지 전해 내려오는 진리의 측면이라고 할 수 있다. 절망감으로 인해 오직 하나님을 의지하고, 영성수련을 통해 말씀으로 거룩하게 되어도 우리 속에 죄성이 있음을 늘 깨달아야 한다: "사람의 행위가 자기 보기에는 모두 깨끗하여도 여호와는 심령을 감찰하시느니라"(잠 16:2). 바울도 우리의 죄성이 깊음을 감찰하고 있다: "내가 자책할 아무 것도 깨닫지 못하나 이로 말미암아 의롭다 함을 얻지 못하노라 다만 나를 심판하실 이는 주시니라"(고전 4:4). 바울의 이 말씀과 다른 구절들을 근거로 G. 타이센(Theissen)은 바울이 프로이트 이전에 이미 무의식 세계를 알았다고 평한다.[64] 이 죄성의 심층적 원인은, 예수께서 말씀하신 것처럼, 우리 속에 하나님의 사랑이 없기 때문이다: "다만 하나님을 사랑하는 것이 너희 속에 없음을 알았노라"(요 5:42). 우리 안에 하나님의 사랑이 없는 것은 우리가 타락하여 하나님과 멀어졌기

---

64 *Psychological aspects of Pauline Theology*(Philadelphia; Fortress Press, 1987), 57

때문이다. 이 말씀은 예수께서 유대인들에게 하셨지만, 사실 모든 사람들에게 하신 말씀이다.

절망 중에 하나님을 붙들고 믿음으로 하나님과 올바른 관계를 가지게 되는 그 순간에는 의인이 된다. 그러나 의를 믿고 자만해지는 그 순간은 죄인의 모습이다. 우리 내면의 죄성을 발견하지 못하면 잘못된 내면성찰이다. 우리 속에 은밀하게 숨어 보이지 않는 것들은 성령의 조명으로만 알 수 있다. 그래서 우리는 의인인 동시에 죄인인 것이다[65]. 이것은 우리가 죄인의 본성을 그대로 가지고 있는데, 예수 그리스도의 의가 우리에게 전가되었음을 의미한다. 영성수련은 도를 닦는 것이 아니라 내면을 깊이 성찰하여 성령의 조명으로 우리가 죄인임을 깨닫고 회개하는 것이다. 청교도 J. 오웬(Owen)은 그의 논문 「신자들 속의 죄 죽이기」(1656)(7장)에서 이렇게 말했다: "성령없이 진정으로 죄를 죽이는 것보다는, 눈 없이 보는 것이나 혀 없이 말하는 것이 더 쉬울 것이다."[66] 우리가 하나님의 은혜를 망각하고 교만할 때는 모든 관계가 차단되어 버린다.

3) 말씀 암송과 찬양

말씀을 묵상할 뿐 아니라 그것을 암송하는 것도 중요하다. 말씀 암송이 힘이 있는 이유는, 세상 속에서 살아갈 때 마음에 심겨진 말씀이 순간 순간 떠오르기 때문이다. 특히 고통 중에 있을 때나, 외로울 때, 혼란

65 어거스틴의 의인인 동시에 죄인(simul iustus et peccator)
66 존 스토트, 김명희 역, 「제자도」(IVP, 2010), 141-142에서 재인용.

한 가운데서 말씀이 샛별 같이 떠오른다: “또 우리에게는 더 확실한 예언이 있으니 어두운 데를 비추는 등불과 같으니 날이 새어 샛별이 너희 마음에 떠오르기까지 너희가 이것을 주의하는 것이 옳으니라”(벧후 1:19). 우리가 좀 더 능력 있게 살아가기 위해 말씀을 묵상하고 암송하자. 말씀을 묵상하고 암송하면서 찬송으로 이어질 때 더 큰 기쁨을 맛볼 수 있다. 성령께서는 우리의 인지적 영역뿐 아니라 정서적 영역에서도 역사하신다. 이 두 영역은 불가분의 관계에 있다. N. 라니유(Ranew)는 이렇게 권면한다:

> 묵상이 찬양으로 승화되도록 하라. 우리는 천상의 아름다움들과 초월적인 것들로 감동받아야 할 뿐 아니라 황홀함과 기쁨에 사로잡혀야 한다. 묵상이 찬양으로 연결되도록 하라.[67]

시편은 150장으로 구성되어 있는데, 그 시작은 묵상에 대한 권면이다: “복있는 사람은 악인들의 꾀를 따르지 아니하며 죄인들의 길에 서지 아니하며 오만한 자들의 자리에 앉지 아니하고 오직 여호와의 율법을 즐거워하여 그의 율법을 주야로 묵상하는도다”(시 1:1-2). 그리고 시편의 마지막 편인 150편은 찬양 시로서 온전히 찬양으로 시작해서 찬양으로 끝난다: “할렐루야 그의 성소에서 하나님을 찬양하며 그의 권능의 궁창에서 그를 찬양할지어다”(시 150:1); “호흡이 있는 자마다 여호와를 찬

67 S. 찬, 「영성 신학」, 141에서 재인용

양할지어다 할렐루야"(시 150:6). 하나님을 기뻐하고 찬송하는 것은 택하신 백성들의 삶이며 특권이다: "이 백성은 내가 나를 위하여 지었나니 나를 찬송하게 하려 함이라"(사 43:21); "또 여호와를 기뻐하라 그가 네 마음의 소원을 네게 이루어주시리라"(시 37:4).

성령의 임함은 하나님의 놀라운 영이 임하는 것이다. 말씀을 외우고 갈급해 하는 자에게 성령님이 오신다. 우리는 깊이 묵상한 말씀 속에서 생명을 찾고, 삶 속에 빛을 누려야 한다. 결국, 말씀묵상의 목적은 성령 안에서 말씀을 통한 주님과의 내적 교류이며, 이 내적교류를 통해서 영혼의 갈급함을 충족함으로 삶을 변화시키는 것이다. 오늘 우리도, 시편 저자와 같이, 성경말씀에서 즐거움을 얻기 위하여 우리의 말씀 읽는 방식을 점검하고 묵상을 시도해 봅시다. 이렇게 기도하고 말씀을 읽어 봅시다: "내 눈을 열어서 주의 율법에서 놀라운 것을 보게 하소서"(119:18). 성경 묵상은 성령의 임재를 기대하면서 마음의 여유를 가지고, 읽는 성경 구절의 분량에 마음을 쓰지 말고, 평상시 말씀 읽는 것보다 천천히, 더 깊이 조용하게 말씀을 음미하면서 성경을 읽는 것이다. 이것은 말씀을 내 심령 속에, 내 마음 판에 깊이 뿌리박는 일이다. 내 심령에 말씀의 뿌리가 깊을수록 강한 비바람도 이겨 낼 수가 있다. 본회퍼는 성경 한 본문을 가지고 일주일 동안 묵상할 것을 권했다.

묵상을 한다고 해서, 물론, 쉽게 말씀의 깊은 뜻을 찾을 수 있는 것은 아니다. 묵상에는 인내와 수련의 시간이 필요하다. 처음에는 20분 정도부터 시작해서 묵상시간을 점점 늘려가는 것이 바람직하다. 묵상이 익숙해지면 말씀이 말씀과 연결되고(연상) 말씀세계가 마음속에 상상으로 그려지면서 그 말씀의 뜻이 더욱 깊어진다. R. 포스터가 말한 것처럼, "묵상의 세계를 체험한 위대한 인물들은 그들의 저서를 통하여 우리를 성령

과 만나는 이곳으로 들어오라고 손짓한다".[68]

묵상은 음미와 되새김을 하는 것인데, 어디까지 묵상을 해야 하는가? 묵상을 어디까지 해야 한다는 분명한 선은 없지만, 묵상은 우리가 말씀 안에서 의와 평강과 희락을 느낄 때까지 하는 것이 바람직하다. 우리가 성령의 조명을 받아 말씀의 깊은 의미를 깨닫게 되면 평강과 기쁨이 찾아온다. 우리가 깨달은 진리로 우리 자신을 비추어 보면, 우리는 우리의 죄와 우둔함을 깨닫게 된다: "주의 말씀을 열면 빛이 비추어 우둔한 사람들을 깨닫게 하나이다"(시 119: 130). 우리는 말씀을 통해서 우리가 죄인임을 깨닫고 구원의 은총을 감사하게 된다. 이 감사의 마음으로 우리 자신을 성찰하고, 점검하고, 반성하고, 회개하며 고쳐나갈 때, 우리가 살고 주님의 축복을 받게 된다: "고난당한 것이 내게 유익이라 이로 말미암아 내가 주의 율례들을 배우게 되었나이다(119:71). 우리는 예수 그리스도로 말미암아 나 같은 죄인에게 구원의 은총을 베풀어 주시고 영생의 소망을 주심을 감사하게 된다. 찬송가 200장 1절의 가사처럼, 성경 말씀이 달고 오묘한 맛을 내고, 우리가 말씀을 통해서 우리의 길과 믿음을 밝히 보는 것이 묵상의 목적이다. 그래서 묵상은 말씀에 근거한 내면성찰이고, 이것은 건강 검진과 같다. 우리가 건강을 위해서 검진을 정기적으로 받듯이 신앙도 정기적인 점검이 필요하다.

---

68 앞의 책, 31

4) 성경묵상의 실례

A. 구약: 시편 119편의 저자

시편 1편 1-2절에서 복 있는 사람은 여호와의 율법을 즐거워하며 주야로 그 율법을 묵상한다고 하였다. 이것은 말씀 안에서 자신을 바라보게 함으로서 자기 자신을 고쳐 나가는 것을 뜻한다. 히브리인들의 묵상은 토론과 비판 없이 말씀을 낮은 목소리로 읊조리며 자신의 귀로 말씀을 듣고 순종하는 것이다: "사람이 귀를 돌려 율법을 듣지 아니하면 그의 기도도 가증한 것이니라"(잠 28:9).

시편 119편에는 환난과 우환 중에 있는 사람의 말씀묵상에 관한 내용이 들어있다. 시편 저자는 주님의 말씀을 지켰으나 환난과 핍박이 그에게 미쳤다. 그러나 그는 말씀이 주는 기쁨으로 이 고난을 이겨나갔다.

"환난과 우환이 내게 미쳤으나 주의 계명은 나의 즐거움이니이다"(시 119:143) "주의 법이 나의 즐거움이 되지 아니 하였더면 내가 내 고난 중에 멸망하였으리이다"(시 119:92).

그는 어떤 환난과 우환을 당했을까? 시편 119편 본문을 살펴보면 그것이 어떤 것인지 추정해 볼 수 있다. "비방과 멸시를 내게서 떠나게 하소서"(23); "고관들도 앉아서 나를 비방하였사오니"(23); "교만한 자들이 거짓으로 나를 엎드려 뜨렸으니"(78); "그들이 이유없이 나를 핍박하오니"(86); "악인들이 나를 멸하려고 엿보오나"(95); "나의 고난이 매우 심하오니"(107); "나의 생명이 항상 위기에 있사오나"(109), 등등.

이 본문들을 보면 그는 주님의 교훈을 지켰으나 사람들로부터 비방과 멸시를 당하고, 권세자들이 그를 핍박하고 그를 해하고 그의 생명을 엿보고 있다. 그에게 이 고난이 매우 심하여 그는 "나의 영혼이 눌림으로 말미암아 녹사오니"(28)라고 고백하고 있다.

그런데, 놀랍게도, 그가 이런 고난 가운데 있으면서도 그는 주의 법도를 생각하고 주의 율법과 계명을 "작은 소리로 읊조리이다"(23, 78)라고 말한다. "작은 소리로 읊조린다"는 것이 무엇인가? 이 말은 시편 119에서도 여러차례 나타난다(119:15, 23, 27, 48, 78, 97, 99, 148 등). 이것은 히브리인들의 독특한 성경묵상 방법이다. 그들은 성경 말씀을 리듬이나 가락을 넣어 작은 소리로 외우면서 그 말씀을 깊이 음미하고 되새겼다. 이렇게 함으로 그들은 그 말씀을 마음에 새기고 깊은 뜻을 헤아렸다. 유대인들의 쉐마 교육에서도 말씀을 마음에 새기는 것을 훈련했다: "오늘 내가 네게 명하는 이 말씀을 너는 마음에 새기고"(신 6:6). 이 방법은 주위 환경에 구애받지 않고 성경 말씀에 자신을 몰입하고 집중하면서 말씀을 보다 깊이, 새롭게 깨닫는 방식이다. 이렇게 성경 말씀을 묵상함으로 시편 저자는 말씀 속에서 진리를 깨닫는 즐거움을 가졌던 것이다. 그는 주의 말씀에서 얻는 즐거움으로 환난과 고난을 이겨낼 수 있었다. 그는 이 말씀의 즐거움을 "주의 말씀의 맛이 내게 어찌 그리 단지요 내 입에 꿀보다 더 다나이다"(시 119:103)라고 고백했다.

사람의 영, 혼, 몸은 유기적 관계에 있기 때문에 좋고 나쁜 영향을 서로가 주고받는다. 육체적 고통은 마음을 우울하게 만들고, 우울한 마음은 영적 해이를 불러온다. 즐거움도 마찬가지이다. 사람에게는 육체적, 정신적, 영적 즐거움이 있다. 말씀의 즐거움은 영적 즐거움이다. 이 즐거움은 정신적 세계나 육신적 세계에서는 찾을 수 없다. 그런데 사람들은 영적 즐거움이 없는 공허감을 정신적 즐거움이나 육신적 즐거움으로 채우고자 하지만, 그렇게 할 수가 없어 방황한다. 영적 즐거움은 오직 성령께서만 말씀을 통해서 줄 수가 있다. 이 영적 즐거움은 정신적 고통을 없이 하고 육체적 고통을 이길 힘을 준다: "사람의 심령은 그의 병을 능히 이기려니와 심령이 상하면 그것을 누가 일으키겠느냐"(잠 18:14); "마음의 즐거움은 양약이라도 심령의 근심은 뼈를 마르게 하느니라"(잠 17:22). 노환이나 불치의 지병은 치유될 수 없지만, 심령의 즐거움은 그 병의 고통을 이길 힘을 준다.

경건한 유대인들은 묵상을 일상의 삶 속에서 습관적으로 반복함으로 감각으로는 느낄 수 없는 말씀 속의 세계에 익숙해 있었다. 아래의 짧은 담화는 그것을 잘 보여주고 있다.

> 어떤 랍비에게 한 제자가 물었다.
> 선생님, 왜 나이가 들면 눈이 작아집니까?
>
> 랍비: 나이가 들면 눈이 작아질 뿐 아니라 침침해서 잘 보이지도 않는단다. 이는 창조주께서 밖의 것은 필요한 만큼만 보고 눈을 감고 속을 보아라는 뜻이다. 이 말씀을 아느냐? "스올과 아바돈은 만족함이 없고 사람의 눈도 만족함이 없느니라"(잠 27:20).
>
> 제자는 다시 물었다.
> 눈을 감고 무엇을 볼 수 있습니까?
>
> 랍비: 눈을 감고 주의 말씀을 마음에 두면 보이는 것이 있느니라.
>
> 시편의 이 말씀을 기억하지 못하느냐? "내 눈을 열어서

주의 율법에서 놀라운 것을 보게 하소서"(시 119: 18).

B. 신약: 사도 바울

묵상에 어떤 정형화된 구체적인 방법은 없지만, 로마서 7장에 비쳐진 바울의 묵상 과정을 개략적으로 살펴봄으로 우리의 묵상에 도움을 받을 수 있다.

로마서의 바울에게 있어서 묵상의 일반적인 주제는 율법과 죄와 죽음의 관계였다. 바울이 이 주제를 묵상해 나가는 데 추론(연역과 귀납)과 연상 등의 수사학적 기법이 사용된다. 그는 로마서 5-6장에서 이 주제를 논하다가 7장에서 구체적인 10번째 계명을 예를 들어 깊이 묵상하기 시작한다. 이것은 일반적인 주제에서 개별화로 가는 과정이다. 10번째 계명 "네 이웃의 집을 탐내지 말라"라는 말씀을 깊이 묵상하는 가운데 그는 율법과 죄와 사망의 관계를 이렇게 정리한다: "우리가 육신으로 있을 때는 율법으로 말미암는 죄의 정욕이 우리 지체 중에 역사하여 우리로 사망을 위하여 열매를 맺게 하였더니"(롬 7:5).

율법과 죄를 묵상하는 가운데 이런 생각도 들 수 있다. 율법 때문에 죄가 왔으니 차라리 율법이 없었더라면 죄가 없었을 것이 아닌가? 그는 이런 맥락에서 첫 번째 질문을 던진다: "율법이 죄냐?" 이 질문은 다분히 역설적이며 반어적인 성격을 띄고 있다. 유대인들이 이 질문을 들었다면 기절초풍할 것이다. 바울의 수사학적 질문은 당연히 강한 부정의 대답으로 나온다: "그럴 수 없느니라". 그러나 "율법으로 말미암지 않고는 내가 죄를 알지 못하였으니..."(7:7). 율법과 죄의 관계는 여전히 석연치 못한 점이 있다. 그래서 이 주제는 이 질문과 대답만으로 시원하게 끝나지 않는다. 그는 계속 질문한다. 그러면 어떻게 생명을 가져와야 할 계명이 사망을 가져왔는가? "전에 율법을 깨닫지 못했을 때에는 내가 살았더니 계명이 이르매 죄는 살아나고 나는 죽었도다"(7:11)

그는 이 어려운 질문을 생각하는 중에 창세기의 창조와 타락기사를 떠올린다. 하나님은 아담을 창조하신 후에 그에게 이런 명령을 주신다: " ... 동산 각종 나무의 열매는 네가 임의로 먹되 선악을 알게 하는 나무의 열매는 먹지 말라 네가 먹는 날에는 반드시 죽으리라..."(창 2:16-17). 그런데 뱀이 여자를 유혹하여 "그 여자가 그 나무를 본즉 먹음직도 하고 보암직도 하고 지혜롭게 할 만큼 탐스럽기도 한 나무인지라 여자가 그 열매를 따먹고 ..."(창 3:6). 여기서 뱀은 마귀 사탄이며 영적 실체로서의 죄이다. 바울은 이것을 "죄가 기회를 타서 계명으로 말미암아 내 속에서 온갖 탐심을 이루었나니..."(7:8)라고 묘사한다. 바울의 이러한 묵상의 결과 앞의 질문들에 대한 대답은 분명하다: "... 오직 죄가 죄로 드러나기 위하여 선한 그것으로 말미암아 나를 죽게 만들었으니 이는 계명으로 말미암아 죄로 심히 죄 되게 하려 함이라"(7:13).

그의 이 주제에 대한 묵상은 자신의 내면 세계에 대한 성찰로 이어진다. 즉 그는 묵상의 말씀을 자신에게 적용한 것이다. 그는 자신의 내면세계의 갈등과 혼란을 이렇게 묘사한다: "내가 행하는 것을 내가 알지 못하노니 곧 내가 원하는 것은 행하지 아니하고 도리어 미워하는 것을 행함이라"(롬 7:15). 그러나 그는 이런 혼란가운데서도 묵상을 계속하다가 성령의 조명을 받게되어 마음 속의 한 법을 깨닫는다: "그러므로 내가 한 법을 깨달았노니 곧 선을 행하기 원하는 나에게 악이 함께 있는 것이로다"(롬 7:21). 이 법에 매인 자신의 삶을 그는 이렇게 탄식한다: "오호라 나는 곤고한 사람이로다 이 사망의 몸에서 누가 나를 건져내랴"(7:24). 바울의 이 깊은 탄식은 율법 안에서 죄와 싸우는 모든 사람들의 탄식이다. 율법의 범주를 넘나드는 그의 생각은 그리스도와 성령 안에서 온전한 해답을 찾을 수 있었다: "이는 그리스도 예수 안에 있는 생명의 성령의 법이 죄와 사망의 법에서 너를 해방하였음이라"(롬 8:2).

바울의 묵상은 오랫동안의 성경연구 덕분에 깊이를 가지고 있으며, 성령의 조명으로 온전한 확신을 가질 수 있었다. 바울은 이 묵상의 과정을 통해서 나와 죄를 분리시킨다. 이것은 앞의 단락에서 계명과 죄를 분리시킨 것과 같은 맥락이다. 이렇게 말씀을 묵상함으로 바울은 그리스도와 성령 안에서 말씀의 놀라운 능력을 체험하였다.

6. 성경적 영성을 위한 인생 묵상

4세기 교부인 어거스틴이 이런 말을 한 적이 있다: 사람들이 나에게 시간에 대해서 묻지 않았을 때 나는 시간에 대해서 무엇인지를 안다고 생각했습니다. 그런데 사람들이 나에게 시간에 대해서 묻기 시작하면서 나는 시간이 정말 무엇인지를 알 수 없게 되었습니다.

우리는 아마 우리의 삶에 대해서도 어거스틴과 같은 말을 하지 않을까? 누가 우리에게 우리의 삶에 대해서 묻지 않을 때, 우리는 우리의 삶이 무엇인지를 알고 산다고 생각할 것이다. 그런데 우리의 삶이 무엇인지를 질문받는 순간부터 우리는 우리 삶의 본질을 알 수 없다는 생각을 할지 모른다. 삶이란 이렇게 정의하기가 어려운 것이기에 예로부터 많은 사람들이 삶에 대해서 이야기해 왔다.

1) 우리 시대의 증상

우리 중에 몇 사람은 인생이란 속고 사는 것이라는 생각에 동의할 것이다. 러시아의 시인 푸시킨은 유명한 시를 남겼다. “인생이 너를 속일지라도 결코 서러워하거나 노하지 말라…” 그는 이렇게 결론을 내린다. 왜냐하면 세월이 지나다 보면 지나간 것은 아름답게 느껴지며 아쉬워지기 때문이다.

아니면, 우리의 삶은 어차피 알 수 없는 것이기에 이 질문은 접어두고 그냥 하루하루 살아가는 방법도 있겠다. 심리학자 프로이트는 ‘삶의 본질이 무엇인지?’ ‘어떻게 살아야 하는지?’ 하는 질문 자체를 하는 순간부터 우리의 마음은 병든다고 한다. 그도 그럴 것이, 알 수 없는 질문을 붙들고 사는 것 자체가 우리의 마음을 혼란스럽게 하고, 대답도 모른 채 허무한 죽음을 맞이해야 하니까.

이야기 심리학자인 D. 맥아담스는 이 시대의 많은 사람들이 자신들의 이야기를 잃어가면서 자신의 삶을 잃어가고 있다고 한다. 우리가 사는 시대의 특징 중의 하나는 ‘위대한 이야기’에 대한 신념을 잃어버린 것이다. 이 시대 사람들은 이제 그 어떤 장엄하고 성스러운 이야기에도 그다지 감동을 느끼지 못하고 하루하루를 살아가고 있다고 한다. 사실 우리는 하루 하루를 지엽적이며 파편적인 작은 이야기들 속에 파묻혀 살아가고 있다. 작고 아기자기한 이야기들이 결코 대수롭지 않다고 하는 말은 아니다. 이 이야기들은 그것들 자체로 중요하고 의미 있는 것들이다.

그런데 문제는 이 작은 이야기가 그저 항시 작은 이야기로 끝날 때이다. 즉 아무도 관심을 가져주지 않는 이야기로 묻혀버릴 때이다. 인간은 개인적인 나만의 역사를 가지고 있다는 것을 의식하는 능력이 있다.

이 나만의 역사가 의미를 가지는 것은 나의 작은 이야기들이 우리 문화가 만들어 내는 큰 이야기들과 상호 관계를 가질 때이다. 말하자면, 그 큰 이야기 안에 나의 작은 이야기가 들어갈 공간이 있고, 나의 작은 이야기 안에 큰 이야기가 조화될 수 있어야 하는 것이다. 만일 이러한 상호 유기적 관계가 없을 때, 나의 작은 이야기는 보잘 것 없고 수치스러운 이야기로 변해가는 것이다. 그러면서 나의 삶도 위축되고 소외된 삶으로 변해가는 것이다.

큰 이야기는 초월적 세계와 이 세상, 그리고 나를 포괄하는 이야기로서, 고대와 중세 시대에는 신화가 그 역할을 담당해 왔다. 현대사회는, 이런 관점에서 보면, 진정한 큰 이야기인 신화가 부재한 시대이다. 그래서 정신심리학자들은 우리 시대에 정신 심리적인 질병이 많다고 한다. 우리 문화 안에서는 연일 큰 이야기들이 대량으로 생산된다. 연예계와 스포츠계의 스타들, 정치, 경제 분야의 거물들, 그리고 문화나 종교의 엘리트들이 그 이야기의 주인공들이다. 이들 자신들도 화려한 이야기의 주인공으로 살아남기 위해서 얼마나 수고를 많이 하는지 모른다. 이들 중 몇 사람들은 이 세계에서 이탈되는 것이 두려워 스스로 목숨을 끊는 일들도 있었다. 그런데 문제는 그들의 이야기가 화려하고 감동적인 만큼, 나의 이야기는 더욱 위축되고 소외되어 간다. 우리는 TV와 인터넷, 유튜브 등의 영상매체에 길들여져 있고 그 틀 속에서 살아가고 있다. 이런 틀 속에 하루하루를 살다 보니 나의 존재 의미는 증발해 버리고, 그 빈 공간을 나아닌 다른 이야기들로 채워서 결국 내가 살되 내가 없는 삶이 되어가는 것은 아닌가? 삶의 무의미와 공허는 이런 곳에서 둥지를 트는 것이다.

사실 오늘날의 젊은이들은 이런 종류의 일방적인 미디어를 싫어한다. 나의 의사나 감정이 상호 교통이 되는 인터넷이나 유튜브를 선호하는 이

유이다. 그런데 여기에도 문제가 있다. 인터넷 중독에 빠져 개인에게 손해가 있는 것은 차치하고서라도, 대체적으로 원만한 인간 관계를 가지기가 어렵게 되어간다는 것이다. 인터넷이나 유튜브의 특성상 불특정 다수인에 대한 자기 표현은 익숙하지만, 개인적 인간 관계에서는 자폐증적인 현상까지 나타난다. 우리가 현실을 직시해 보면, 우리는 우리가 원치 않는 이런 강제된 틀 속에서 살아야 하기 때문에 우리가 소외되고 무의미한 삶을 살아간다고 할 수 있다. 소외와 무의미는 죽음 불안과 같이 인간의 실존적 불안이다. 우리는 이 소외와 무의미의 삶으로부터 도피하기 위하여 쉼없는 활동과 분주함을 선택하기 쉽다.

W. 바클레이는 이런 증상을 가진 이 시대의 실상을 적절하게 묘사하고 있다.

> 부단한 활동을 믿는 세대에는 조용히 기다린다는 것이 하나의 불쾌한 명령일 수밖에 없을 것이다. 잠시도 가만 있지 않고 심지어 잠자는 시간까지 줄여가면서 일하는 사람에게는 영적인 것을 위해 조용히 기다리는 시간을 마련한다는 것은 생의 전적인 재구성을 의미할 것이다. ...... 그것과 마찬가지로 우리가 이리저리 바쁘게 돌아다닐 동안 가장 큰 능력이 우리의 삶에서 빠져 나가 버릴 것이다. .... 기다림이 없으면 능력도 오지 않을 것이다.[69]

---

69 「성령의 약속」 서기산 역(기독교문사, 1982), 205-206

R. 포스터도 이 세대에 대해 이와 유사한 진단을 하고 있다: "피상성은 우리 시대의 비극이다. 즉시 만족을 누리고자 하는 사상은 근본적인 영적인 문제이다."[70] S. 찬도 현대인에 대해 비슷한 평가를 하고 있다: "현대인들의 '실제적인' 마음의 구조는, 작은 예외도 있지만, 고독과 침묵의 기본적인 기술조차 배우는 것을 거의 불가능하게 만든다."[71] 분석심리학자 칼 융은 "조급함은 마귀에게서 나온 것이 아니라 그 자체가 마귀이다"라고 말했다.[72] 그의 이 말은 다소 과장된 것처럼 들리나, 곰곰이 생각해 보면 일리가 있다. 조급함은 모든 일을 빨리빨리 처리하라고 독촉한다. 이런 습관이 들면, 예배도 빨리빨리, 성경 읽기도 빨리빨리 하게 되면서, 우리는 주님으로부터 점점 멀어져 간다.

2) 삶의 재구성

필자의 생각에는, 바클레이가 말하는 '생의 진적인 재구성'은 사람들 앞에서의 외적 활동과 성과 중심의 삶에서, 하나님 중심의 삶을 깊이 생각하는 내적 자기성찰로 전환하는 것을 말한다. 예수께서는 산상수훈에서 이것을 거듭 말씀하셨다:

> 사람에게 보이려고 그들 앞에서 너희 의를 행하지 않

---

70 「영적훈련과 성장」(생명의 말씀사, 2005), 15
71 앞의 책, 200
72 포스트, 앞의 책, 31에서 재인용

도록 주의하라 그리하지 아니하면 하늘에 계신 너희 아버지께 상을 받지 못하느니라 그러므로 구제할 때에 외식하는 자가 사람에게서 영광을 받으려고 회당과 거리에서 하는 것 같이 너희 앞에 나팔을 불지 말라 ... 네 구제함을 은밀하게 하라 은밀한 중에 보시는 너의 아버지께서 갚으시리라 또 너희는 기도할 때에 외식하는 자와 같이 하지 마라 그들은 사람에게 보이려고 회당과 큰 거리 어귀에 서서 기도하기를 좋아하느니라 너는 기도할 때에 네 골방에 들어가 문을 닫고 은밀한 중에 계시는 네 아버지께 기도하라 .... (마 6:1-6)

금식할 때에 너희는 외식하는 자들과 같이 슬픈 기색을 보이지 말라 그들은 금식하는 것을 사람에게 보이려고 얼굴을 흉하게 하느니라 ....(마 6:16)

이는 금식하는 자로 사람에게 보이지 않고 오직 은밀한 중에 계신 네 아버지께 보이게 하려 함이라 ....(마 6:18)

예수의 이 말씀들은 사람들 앞에서의 외식적인 신앙생활의 위험을 지적하고, 하나님 앞에서의 자기 성찰의 필요성을 강조한다. 예수께서는 "그러므로 네 속에 있는 빛이 어둡지 아니한가 보라"(눅 11:35)고 말씀하신다. 사도 바울도 이렇게 권면한다: "너희는 믿음 안에 있는가 너희 자신을 시험하고 너희 자신을 확증하라. 예수 그리스도께서 너희 안에 계신 줄을 너희가 스스로 알지 못하느냐 그렇지 않으면 너희는 버림 받은 자니라"(고후 13:5). 이 자기 성찰에 대해서 M. J. 톰슨(Thompson)은 이렇

게 말한다:

> 자기 성찰은 단순하게 자신의 죄를 고백하는 것에서 끝나는 것이 아니다. '양심의 성찰'이 고백과 참회를 목적으로 하고 있다면, '인식의 성찰'은 한 단계 더 나아가서 좀 더 폭넓은 자기 성찰을 나타내고 있다. ... 그래서 우리가 인식성찰을 할 때는 매일 일어나는 여러 가지 사건과 인간관계 속에서 자신의 마음의 상태가 어떠했는지 주목하면서, 자신의 선한 마음과 악한 마음 모두를 성찰해 보아야 한다.[73]

인식의 성찰은 의식의 성찰이라고도 할 수 있는데, 이 의식의 성찰은 "우리들이 의식하고 있는 내용이 무엇인지 알아가는 과정을 의미하며, 그렇게 함으로써 우리는 하나님 앞에 적절한 방법으로 응답할 수 있다. 이것은 자신의 성격적 결함이나 잘못된 행동에 초점을 맞추는 것이 아니라, 우리들의 의식과 관련이 있다."[74] 욥기는, 크게 보면, 양심성찰과 인식성찰을 말하고 있다. 재난을 당한 욥에게 친구들은 숨겨진 죄와 허물이 있을 것이라는 인과응보식 사고에 따라 양심성찰을 강권했다. 욥은 친구들에게 자신의 의를 항변했지만, 오랜 논쟁 끝에 하나님과 자신을 새롭게 인식성찰하게 된 후 진정한 양심성찰을 하게 된다: "내가 주께 대하여 귀로 듣기만 하였사오나 이제는 눈으로 주를 뵈옵나이다 그러므로 내가 스스

73 고진옥 역, 「영성훈련의 이론과 실천」(은성출판사, 2005), 155
74 위의 책, 155

로 거두어 들이고 티끌과 재 가운데서 회개하나이다"(욥 42:5-6).

이 자기성찰은, 무엇보다도, 성경의 진리에 자신의 삶을 비추어 보는 것이다. 하나님의 말씀은 우리 자신을 밝히 보여준다:

> 하나님의 말씀은 살아있고 활력이 있어 좌우에 날선 어떤 검보다 예리하여 혼과 영과 및 관절과 골수를 찔러 쪼개기까지 하며 또 마음의 생각과 뜻을 판단하나니 지으신 것이 하나도 그 앞에 나타나지 않음이 없고 우리의 결산을 받으실 이의 눈 앞에 만물이 벌거벗은 것 같이 드러나느니라(히 4:12-13).

말씀을 묵상하고 그 말씀으로 우리를 살필 때, 우리는 새로운 것을 깨달을 수 있다. 예를 들면, 우리가 현실적으로 쉽게 볼 수 있는 선물들은 감사하지만, 성령께서 주시는 보다 좋은 선물들은 쉽게 깨닫지를 못하고 감사하기도 어렵다. 그래서 우리에게는 묵상의 시간이 필요하다. 말씀에 근거한 성찰이 없는 우리 자신은 말씀의 사각지대이다. 사실, 우리는 우리 자신을 잘 알기 어렵다. 루터는 영성 수련의 3대 요소로서 기도, 묵상과 시련을 말했는데, 여기서 시련은 우리 자신을 살펴보게 하는 계기가 된다. 시련을 당할 때 우리는 우리의 약점과 악함을 알게 된다. 이런 성찰이 우리의 성품과 인격을 변화시킬 수 있는 방향과 목표를 알려준다. 성찰이 없으면 성경말씀이 지식은 될 수 있지만, 살아있는 생명의 말씀은 될 수 없다. 성찰이 없는 지식의 말씀은 남을 비판하는 도구가 될 수 있지만, 자신을 변화시키는 생명의 말씀은 될 수 없다.

예수께서 보실 때 바리새인의 문제가 바로 이것이었다. 바리새인들은

종교적 의무와 의식에는 열심이 있지만 자신의 속을 잘 몰랐다:

> 또 이르시되 사람에게서 나오는 그것이 사람을 더럽게 하느니라 속에서 곧 사람의 마음에서 나오는 것은 악한 생각 곧 음란과 도둑질과 살인과 간음과 탐욕과 악독과 속임과 음탕과 질투와 비방과 교만과 우매함이니 이 모든 악한 것이 다 속에서 나와서 사람을 더럽게 하느니라(막 7:20-23).

인간의 본성에 근거해 볼 때, 미래에 대한 낙관적 예언보다는 비관적 예언이 더 신뢰성이 있다. 그래서 인간에 대한 진실하고 정직한 고백은 허무와 절망이라는 견해는 설득력이 있다.

그런데 이러한 인간에 대해 회복의 길이 열렸다. 이 회복은 오직 성령 안에서만 가능하다. W. 바클레이(Barclay)는 이 진리를 잘 설명하고 있다:

> 성령이 없어도 사람은 그가 죄인임을 깨달을 것이다. 그러나 성령께서 같이 하실 때 그는 자기가 용서받은 죄인임을 알게 된다. 성령과 함께가 아니고서는 그리스도인의 삶의 기쁨이나, 삶에 대한 승리감 같은 것이 있을 수 없다.[75]

---

75 「성령의 약속」, 106

성령의 임재가 성경의 진리를 깨닫는 필수적인 요건임을 알면서도 사람들은 그것을 거부하고, 다른 것으로 그 자리를 메꾸고자 하는 유혹에 노출되어 있다. 그 다른 것이란 제도, 조직, 세상적 지혜와 윤리 도덕, 전통 등이다. 이 말은 오해되어서는 안 된다. 제도와 조직 등이 불필요하다는 것이 아니고, 그것들이 성령을 대체하고자 할 때가 위험한 것이다. 역사적으로 보면 이것이 사실이다. 그래서 교회는 끊임없이 개혁되어져야 한다고 믿고 있다. 제도와 질서가 성령의 인도함을 받을 때, 그것은 성령의 사역을 안정적으로, 효과적으로 수행해 나갈 수 있다.

우리는 우리가 익숙해지기 쉬운 제도와 조직의 한계를 분명히 인식하고, 성령을 통하여 하나님께 나아가는 마음을 끊임없이 새롭게 해야 한다. 이런 맥락에서 김정우는 성경적 영성의 본질을 "하나님을 경외함"이라고 정의한 것은 옳은 것이다.[76] 하나님에 대한 경외심은 하나님을 두려워함과 사랑함의 양면성을 가지고 있다. 우리는 하나님에 대한 경외심을 사도 바울의 삶에서 구체적으로 배울 수 있다.

3) 약함의 영성

고린도후서 12장에는 바울의 3층천 승천 경험이 기록되어 있다. 신비체험은 사람들의 인정을 받고 자신이 능력 있는 것처럼 느껴지게 만든다. 우리는 삶의 현장에서 능력 있고, 강하고, 성공하는 승자의 삶을 갈망한

76 앞의 논문, 80

다. 신비한 종교적 체험은 우리의 이런 갈급함을 충족시켜 줄 수 있다. 신비체험이 과대평가되고 선호되는 시대에서 바울은 자신의 이 체험을 마지못해 소개하고 있다: "무익하나마 내가 부득불 자랑하노니 주의 환상과 계시를 말하리라"(고후 12:1).

바울은 신비체험을 자랑하는 대적자들을 염두에 두고 신비체험의 바른 이해를 설명한다. 바울은 신비체험보다도 더 중요한 것이 하나님의 말씀에 순종하는 것이라는 것을 분명히 한다. 바울은 자신의 신체적 고통 가운데서 계시를 받은 체험을 통해서 이것을 구체적으로 상세하게 설명하고 있다: "여러 계시를 받은 것이 지극히 크므로 너무 자만하지 않게 하시려고 내 육체에 가시 곧 사탄의 사자를 주셨으니 이는 나를 쳐서 너무 자만하지 않게 하려 하심이라"(고후12:7).

육체의 가시는 고통이고 사탄의 사자이다. 이 육체적 고통은 지속적으로 강렬하게 다가와서 자기의 능력으로는 도저히 감당해 낼 수가 없다. 바울은 안질과 간질, 등창 등의 질병을 가지고 있었다. 그는 이 고통을 제거해 달라고 세 번이나 간절하게 기도했지만, 의외로 그는 이 말씀을 받았다: "내 은혜가 네게 족하도다. 이는 내 능력이 약한 데서 온전하여짐이라."(고후 12:9). 그는 자신의 간구가 받아들여지지 않았음에도 불구하고 그의 간구를 끝까지 고집하지 않고, 주님의 이 말씀에 순복했다: "사람이 귀를 돌려 율법을 듣지 아니하면 그의 기도도 가증하니라"(잠 28:9). 그의 이러한 마음이 곧 주님에 대한 경외심이다. 그는 이 말씀을 깊이 묵상하는 가운데 새로운 깨달음을 가지게 되었다.

> ... 그러므로 도리어 크게 기뻐함으로 나의 여러 약한 것들에 대하여 자랑하리니 이는 그리스도의 능력이 내게 머

물게 하려 함이라 그러므로 내가 그리스도를 위하여 약한 것들과 능욕과 궁핍과 박해와 곤고를 기뻐하노니 이는 내가 약한 그 때에 강함이라(고후 12:9-10).

이 계시의 말씀은 바울에게 약함과 강함에 대한 새로운 관점이 되었다. 우리의 치명적 약점은, 그것이 신체적인 것이든, 정신적인 것이든, 우리를 괴롭히고, 자존심을 상하게 하고, 필경은 패자의 길을 걷게 만든다. 그래서 바울은 육체의 가시가 제거될 것으로 간구했지만, 주님께서는 '바로 그것 때문에 능력을 가질 수 있다'고 하셨다. 우리의 생각과 경험과는 배치되지만, 약함이 신앙과 삶을 치유할 수 있다. 우리는 우리의 약함 때문에 주님께 간구한다. 우리는 스스로 강하다고 생각하면 교만해져서 주님을 떠나기가 쉽다. 그래서 우리가 약할 때 주님께서 우리와 함께하신다. 그렇기에 약함은 변화와 성숙을 가져오는 하나님의 은혜이며, 하나님과 깊은 교제를 이루게 하는 매개체가 된다.

바울은 그래서 이 진리를 '질그릇의 보배'로 묘사했다: "우리가 이 보배를 질그릇에 가졌으니 이는 심히 큰 능력은 하나님께 있고 우리에게 있지 아니함을 알게 하려 함이라"(고후 4:7). 질그릇은 약하고 깨지기 쉽지만, 이 그릇에 보배가 담겨져 있다. 능력은 하나님께 있고 우리에게는 있지 아니하다! 우리는 질그릇과 같이 약한 존재인데, 우리에게 보배를 맡겨 주셨다.

우리는 신체적, 정신적, 영적 약함으로 실의와 절망에 빠져 있다가 영적인 강함의 기회를 얻는다. 우리는 또한 신체적, 정신적, 영적 약함으로 인해서 이제까지 행하던 육신의 일을 벗어버리고 새로운 영의 일을 시작할 수 있다. 우리는 때로 영적 침체기나 권태기에 빠질 때가 있다. 이때는 성경을 읽기도 싫고, 설교도 귀에 들어오지 않고, 찬송은 메마르고, 예배도 드리지 않는다. 이런 때를 우리는 가능하면 빨리 극복해야 한다. 그러나 이런 때가 꼭 부정적인 측면만 있는 것은 아니다. 이런 때가 오히려 우리의 진면목을 성찰할 수 있는 좋은 기회가 되기도 한다. R. 포스트는 이런 때를 "영혼의 어두운 밤"으로 정의하고 십자가의 성 요한의 글을 인용하면서 이때를 어떻게 극복해야 하는지를 가르쳐 준다:

> 그러므로 당신의 의욕이 침체되고, 당신의 의향이 메마르고 부자연스럽게 된 것을 알 때, 그리고 당신의 능력이 무력하게 된 것을 알 때 괴로워하지 말라. 다만 그것을 하나의 은혜로 생각하라. 왜냐하면 하나님께서 당신을 당신 자신으로부터 자유케 하고 계시기 때문이며 당신에게서 당신 자신의 행위를 제거하고 계시기 때문이다.[77]

여기서 "하나님께서 당신을 당신 자신으로부터 자유케 하신다"는 것이 무엇인가? 세 가지 의미를 생각해 볼 수 있다. 하나는, 구습에 속박된 당신의 옛 사람으로부터 당신을 자유케 하신다는 의미이고, 둘째는 겉사람에 속박된 당신의 속 사람을 자유케 하신다는 뜻이다. 셋째는, 우리가 우리의 삶과 죽음으로부터 온전히 자유로워지는 것이다. 바울이 이것을 잘 표현하고 있다: "나의 간절한 기대와 소망을 따라 아무 일에든지 부끄러워하지 아니하고 지금도 전과 같이 온전히 담대하여 살든지 죽든

77 St. John of the Cross, *The Collected Works of St. John of the Cross*,(N.Y. Doubleday, 1964), 296, R. 포스터, 「영적훈련과 성장」, 153-4에서 재인용.

지 내 몸에서 그리스도가 존귀하게 되게 하려 하나니 이는 내게 사는 것이 그리스도니 죽는 것도 유익함이라"(빌 1:20-21). 이것은 우리의 영이 그리스도와 신비한 연합을 이루어 우리가 우리의 삶과 죽음으로부터 자유로워지는 것을 말한다.[78]

결국, 우리는 우리 자신으로부터 자유로워지고, 내 자신의 능력을 의지하지 않을 때 하나님의 일을 할 수 있다. 우리는 이러한 과정을 거치면서 우리의 아픔과 친숙해져야 하고, 우리 주위의 아픈 사람들과도 친숙해져야 한다.

바울은 혈육인 유대인 선교에서 배척과 박해를 받아 실의에 빠져 있었지만, 이 약함의 상태에서 이방선교의 사명을 깨달았다. 개척에는 수고와 고통, 외로움과 답답함이 늘 따른다. 예수님은 하나님 나라의 진리를 증언하는 개척의 역사를 이루기 위해 이 땅에 오시었다: "이 땅에 불을 던지러 왔노니 이 불이 이미 붙었으면 무엇을 더 원하리요."(눅 12:49); "예수께서 이르시되 여우도 굴이 있고 공중의 새도 거처가 있으되 인자는 머리 둘 곳이 없다 하시더라."(마 8:20) 이 말씀에는 하나님 나라의 도래에 대한 주님의 갈급함과 이 사역을 홀로 감당해야 하는 수고와 외로움이 진하게 배어 있다.

바울은 이방선교라는 개척사역의 선구자이다. 우리는 바울이 역사적인 미션을 이루어냈던 것을 익히 알고 있지만, 그가 그 능력을 어떻게 받게 되었는지는 잘 모른다. 바울에게 있어서 개척의 어려움을 이겨나가는 능력은 약한 가운데서 강해진다는 계시의 말씀에서 나왔다. 약함의 영성

---

78 인간의 영적 차원에 대한 성경적 이해에 관해서는 필자의 「성서와 심리학의 대화」(대한기독교서회, 2007), 98-100 참조

이 개척의 어려움을 통해 완성되어 나갔다. 사도행전에서의 바울은 대단한 능력이 있었다: 앉은뱅이를 일으켜 세우고, 귀신 들린 여인을 치유하고, 대적자의 눈을 멀게도 하고, 독사에 물려도 죽지 않고 등등. 그에게는 대단한 능력이 있었지만, 서신서에서 바울은 자신의 능력을 자랑하지 않고 능력으로 교만하지 않기를 말하고 있다. 약함의 영성은 바울의 큰 능력이 된 셈이다. 이 약함의 영성으로 선교하는 바울의 모습이 그의 서신들 곳곳에 생생하게 그려져 있다.

"또 수고하여 친히 손으로 일을 하며 모욕을 당한즉 축복하고 박해를 받은즉 참고"(고전 4:12); "우리가 사방으로 우겨쌈을 당하여도 싸이지 아니하며 답답한 일을 당하여도 낙심하지 아니하며"(고후 4:8); "영광과 욕됨으로 그러했으며 악한 이름과 아름다운 이름으로 그러했느니라 우리는 속이는 자 같으나 참되고 무명한자 같으나 유명한 자요 죽은 자 같으나 보라 우리가 살아 있고 징계를 받는 자 같으나 죽임을 당하지 아니하고 근심하는 자 같으나 항상 기뻐하고 가난한 자 같으나 많은 사람을 부요하게 하고 아무 것도 없는 자 같으나 모든 것을 가신 사로나"(고후 6:8-10).

바울의 이런 능력과 확신은 약함으로 인해서 십자가에 달리신 예수 그리스도를(고후 13:4) 부활하신 모습으로 만남으로 시작되고 온전해졌다.

우리의 삶을 되돌아 보면, 우리에게도, 바울과 같이, 우리가 감당할 수 없었던 약함이 있었을 것이다. 우리는 이 약함을 극복하기 위해서 갖은 방법들을 다 사용해 보았을 것이다. 그러나 결국 우리가 고백하는 것은 우리가 피조물로서 유한하고 약한 것을 받아들여서 우리의 명철을 신뢰하지 않고, 하나님을 의지하는 것이 인생의 참된 지혜이며 성숙한 영성이라는 것이다. 우리는 새로운 피조물로서 성령 안에서 그리스도의 형상으로 매일 재창조되어 간다. 그래서 우리는 바울과 같이 이렇게 고백할 수 있다: "그러므로 우리가 낙심하지 아니하노니 우리의 겉사람은 낡아지나 우리의 속사람은 날로 새로워지도다"(고후 4:16).

이 장은 다음의 찬송으로 마치는 것이 바람직하다.

주님의 뜻을 이루소서
고요한 중에 기다리니
진흙과 같은 날 빚으사
주님의 형상 만드소서 (425장 1절)

7. 성경적 영성 형성의 과정

1. 성령을 따라 사는 삶

성경적 영성은 성령의 중재적 사역으로 기도와 말씀을 통하여 그리스도와 연합함으로, 옛 사람이 죽고 구원을 받아 그리스도의 형상을 이루어 가는 과정에서 형성되는 것이다. 이것은 성령을 따라 살면서 예수 그리스도의 영성을 본받는 것이다. 성경적 영성은 그리스도 안에서 새롭게 창조되고 회복되어지는 재창조의 과정이며, 그리스도의 형상을 덧입어 새로운 피조물이 되는 것이다: "그런즉 누구든지 그리스도 안에 있으면 새로운 피조물이라 이전 것은 지나갔으니 보라 새 것이 되었도다"(고후 5:17).

이 영성수련의 과정과 목표는 에스겔서에서 이미 예언되어 있다.

> 맑은 물을 너희에게 뿌려서 너희로 정결하게 하되 곧 너희 모든 더러운 것에서와 모든 우상 숭배에서 너희를 정결하게 할 것이며 또 새 영을 너희 속에 두고 새 마음을 너희에게 주되 너희 육신에서 굳은 마음을 제거하고 부드러운 마음을 줄 것이며 또 내 영을 너희 속에 두어 너희로 내 율례를 행하게 하리니 너희가 내 규례를 지켜 행할지라(겔 36:25-27).

영성수련은 물 뿌림으로 정화되고, 새 영으로 마음의 변화를 받고, 율례를 지켜 하나님과 연합하는 것이다. 여기서 마음의 변화는 구체적으로 육신에서 굳은 마음을 제거하고 부드러운 마음을 가지는 것이다. 굳은 마음을 가진 옛 사람으로서는 새로운 변화를 이루어 낼 수 없다. 예수님의 씨 뿌리는 비유에서 보면(마 13:3-9), 굳은 마음은 돌밭이나 가시떨기 밭이고 부드러운 마음은 좋은 밭이다. 돌밭이나 가시떨기 밭이 좋은 밭이 되기 위해서는 성령님과의 끊임없는 친교가 필요하다.

이런 맥락에서 보면, 영성수련은 현실적인 삶 속에서 옛 사람을 벗고 새 창조의 능력을 누리는 훈련이다. 이 새 창조는 성령의 사역이다. J. 로더에 의하면, "통회자복으로부터 생겨나는 새로운 희망과 조명을 향한 움직임은, 곧 성령의 창조적 역사를 의미한다."[79] 옛 사람을 벗는 것은 자기

---

79 「성령의 관계적 논리와 기독교교육 인식론」, 61

부인의 훈련이며 십자가 영성수련이다. 자기 부인이란 무엇인가? 여러 가지 의미가 있겠지만, 무엇보다도, 이것은 주님의 제자가 되는 첫 번째 요건이다. 예수께서 말씀하셨다: "... 누구든지 나를 따라 오려거든 자기를 부인하고 자기 십자가를 지고 나를 따를 것이니라."(막 8:34) 그래서 자기 부인의 훈련은 주님께 복종하여 주님의 제자가 되는 훈련이다. 바울은 복종에 대하여 이렇게 고백한다: "내가 내 몸을 쳐 복종하게 함은 내가 남에게 전파한 후에 자신이 도리어 버림을 당할까 두려워 함이로다"(고전 9:27). 이것은 우리의 삶에서 궁극적 목표와 우선 순위가 주님의 뜻을 따르는 것이 되는 것이다. 이것은 모든 일이 자기 뜻대로 되어야 한다는 고정관념에서 우리를 자유케 한다. 그리고 일이 자기 뜻대로 되지 않았다고 분노하거나 좌절하지 않는 것을 의미한다. 영성수련의 과정은 우리 속에 예수 그리스도의 형상이 이루어지는 과정이며 이 형상을 완성하는 것이 영성수련의 목표이다. 바울은 이를 위하여 수고하고 애썼다: "나의 자녀들아 너희 속에 그리스도의 형상을 이루기까지 다시 너희를 위하여 해산하는 수고를 하노니"(갈 4:19).

박해가 심할 때의 자기부인은 순교의 형태로 나타나기도 하였다. 그런데 313년 기독교가 공인된 후 로마제국 내에서 순교는 어렵게 되었다. 그래서 사막교부들은 세상의 모든 것을 다 버리고 자기부인의 형태로 사막이나 광야로 나아갔다.

중세시대의 수도원영성은 세상과 단절된 훈련이었다. 루터는 어거스틴 수도원의 수도사로서 중세의 자기부인 훈련을 많이 받았다. 그러나, 오랜 기간 동안의 자기부인 수련이 제도화되면서 자기를 의롭게 하는 수단으로 변질되었다. 그래서 루터는 종교개혁을 하면서 새로운 형태의 자기부인의 영성을 만들었다. 기도, 묵상, 시련을 통한 경건주의 영성수련이 그것이다.

영성수련은 옛 사람을 벗어버리는 것이 목표가 아니고, 새 사람을 덧입는 것이 목표가 되어야 한다. 많은 사람들은 육신의 고통 때문에 육신을 벗고자 한다. 그러나 그리스도인들은 육신의 변화를 소망해야 한다. 바울은 이것을 이렇게 설명한다:

> 참으로 우리가 여기 있어 탄식하며 하늘로부터 오는 우리 처소로 덧입기를 간절히 사모하노라 이렇게 입음은 우리가 벗은 자들로 발견되지 않으려 함이라 참으로 이 장막에 있는 우리가 짐진 것 같이 탄식하는 것은 벗고자 함이 아니요 오히려 덧입고자 함이니 죽을 것이 생명에 삼킨 바 되게 하려 함이라(고후 5:2-4)

아무리 선을 행하고 덕을 쌓으며 수련을 해서 옛 사람을 벗어도 그리스도와 멀어지고 성령 안에서 천국의 소망을 덧입지 않으면 온전한 영성수련이 아니다. 이 영성수련은 우리의 합리적, 현실적 관점을 성령 안에서 계시적이며 미래적 관점으로 그 초점을 이동시키는 것이다. 그렇다고 해서 우리의 현재적 관점을 제거하는 것이 아니고, 계시적 미래적 관점으로 성령 안에서 우리 사고의 중심이 이동하는 것이다. 이런 관점에서 볼 때, 하나님의 나라는 예수 그리스도 안에서 이미 성취되었지만(already), 현실적으로는 이 세상과 역사 안에서 그 완성을 기다리고 있다(not yet).

성경적 영성을 형성하는 방법은 여러 가지가 있겠지만, 필자는 성령에 따라 사는 삶에서 형성되는 영성을 중심으로 살펴보고자 한다. 성령을 따라 사는 삶은, 앞 장에서 살펴본 대로, 내주하는 성령을 통하여 성자와 성부 하나님과 교통하며 사는 삶이다. 그래서 성령을 따라 사는 삶에서 열리는 열매는 성령의 열매이자 성자와 성부 하나님의 열매이기도 하다.

2) 성령의 열매

바울은 로마서 8장에서 성령 하나님을 의지하고 사는 삶을 육신의 삶과 대조하면서 상세하게 설명하고 있다(롬 8:4-6, 12-14). 이 삶은 영을 따라 행하는 것으로(롬 8:4) 영의 생각을 하고(8:6), 영으로서 몸의 행실을 죽이는 것(8:13)이다. '영으로서 몸의 행실을 죽인다는 것'이 무엇일까? 어떻게 하는 것일까? 여러 가지 방법이 있겠지만, 중요한 것은, 성령의 조명을 받아 말씀을 묵상함으로 육신의 생각과 소욕을 제거하며, 육신의 행실을 버림으로 성령을 따라 사는 것이다.

그래서 성령의 열매는 성령 안에서 사는 삶에서 형성되는 인격이자 성품이라고 할 수 있다: "오직 성령의 열매는 사랑과 희락과 화평과 오래 참음과 자비와 양선과 충성과 온유와 절제니 이 같은 것을 금지할 법이 없느니라"(갈 5:22, 23). 바울은 갈라디아서 5장에서 "육체의 일"과 "성령의 열매"를 대조시킨다. 성령 안에서의 이러한 성품은 육신의 욕망에 따라 사는 성품을 보면 보다 분명하게 드러난다: "육체의 일은 분명하니 곧 음행과 더러운 것과 호색과 우상숭배와 주술과 원수 맺는 것과 분쟁과 시기와 분냄과 당 짓는 것과 분열함과 이단과 투기와 술 취함과 방탕함과 또 그와 같은 것들이라 ..."(갈 5:19-21).

육체와 성령이 대조적이듯이 일과 열매도 대조적인 측면이 있다. 일은 애쓰고, 힘쓰고, 수고해야 하지만, 열매는 자연스럽게 맺히며, 익어간다. 성경적 영성이 형성되는 것을 나무와 열매로 비유해 볼 수 있다. 나무에 열매가 맺혀 익어가듯이 성경적 영성은 우리가 성령 안에 있을 때 성령의 능력으로 익어가는 성품이나 인격과 같다. 이 성령의 열매는 우리가 우리 자신의 삶을 말씀에 비추어 깊이 성찰할 때 깨달아 알 수 있다. 우리는 물질적, 구체적, 현실적 선물이나 업적은 쉽게 인식하고 감사한다. 그러나 성령께서 주시는 성령의 열매는 우리 자신을 깊이 성찰하지 않으면 깨달아 알 수 없다. 다음에 나오는 이 성령의 열매들은 말씀을 묵상하면서 우리 자신의 삶을 깊이 살필 때 알 수가 있다.

이 성령의 열매 중에서 처음 등장하는 '사랑(love)'은 예수 그리스도의 인성의 핵심이다. 예수께서는 율법과 선지서는 하나님과 이웃을 사랑하는 것이라고 요약하셨다(마 22:37-39) . 그리고 그는 이웃사랑을 새롭게 정립하셨다: "나는 너희에게 이르노니 너희 원수를 사랑하며 너희를 박해하는 자를 위하여 기도하라"(마 5:44). 바울은 주님이 명하신 이 사랑을 실천하기 위하여 이런 삶을 살았다: "또 수고하여 친히 손으로 일을 하며 모욕을 당한즉 축복하고 박해를 받은즉 참고 비방을 받은즉 권면하니 ...."(고전 4:12-13).

이 사랑은 믿음과 소망 없이는 이룰 수 없기 때문에, 바울 서신에서는 이 사랑이 자주 믿음과 소망과 함께 나타난다. 사랑은 믿음과 소망과 함께 그리스도인의 기본적인 품성이자 가장 중요한 덕성이다(고전 13:13). 성령을 따라 사는 삶에서 열리는 가장 귀한 열매가 사랑이기에 이 목록에서 제일 먼저 나타난다. 베드로는 믿음으로 시작한 신의 품성이 궁극적으로는 사랑으로 온전하여진다고 말한다(벧후 1:5-7). 이 목록의 다음에 따라 나오는 덕성들은 사랑의 개념을 보다 상세하게 설명한 것이라 볼 수 있다.

성령의 열매로서의 사랑은 육신적인 사랑과 정신적인 사랑을 초월하는 신적 품성이며 성령의 능력이다. 우리는 이 사랑을 알 수도 없고 행할 수도 없다. 우리가 사랑을 알고 그 사랑을 할 수 있는 것은 하나님께서 우리를 먼저 사랑해 주셨기 때문이다: "사랑은 여기 있으니 우리가 하나님을 사랑한 것이 아니요 하나님이 우리를 사랑하사 우리 죄를 속하기 위하여 화목 제물로 그 아들을 보내셨음이라"(요일 4:10). 예수의 삶에서 이 사랑의 모든 측면이 나타나있으나, 이 사랑을 깨닫기 위해서는 성령의 도우심이 필요하다: "소망이 우리를 부끄럽게 하지 아니 함은 우리에게 주신 성령으로 말미암아 하나님의 사랑이 우리 마음에 부은 바 됨이니"(롬 5:5)

이 사랑을 바울은 사랑의 찬가에서 어느 누구보다도 아름답게 묘사하고 있다: "사랑은 오래 참고 사랑은 온유하며 시기하지 아니하며 사랑은 자랑하지 아니하며 교만하지 아니하며 무례히 행하지 아니하며 자기의 유익을 구하지 아니하며 성내지 아니하며 악한 것을 생각하지 아니하며 불의를 기뻐하지 아니하며 진리와 함께 기뻐하고 모든 것을 참으며 모든 것을 믿으며 모든 것을 바라며 모든 것을 견디느니라"(고전 13:4-7).

'희락(joy)' 세상에는 여러 종류의 기쁨이 있지만, 그 어느 것과도 비교할 수 없는 참되고 깊은 희락은, 우리가 택함을 받아 죄 사함을 얻고 구원을 받은 은혜를 깨달을 때 온다. 이 희락은 성령을 통하여 하나님의 말씀을 받고 깨달을 때 느낄 수 있다: "그때에 예수께서 성령으로 기뻐하시며 이르시되 천지의 주재이신 아버지여 이것을 지혜롭고 슬기로운 자들에게는 감추시고 어린이들에게는 나타내심을 감사하나이다..."(눅 10:21). 예수께서는 또한 자신을 위하여 박해받는 자들에게 이런 기쁨을 약속하셨다: "나로 말미암아 너희를 욕하고 박해하고 거짓으로 너희를 거슬러 모든 악한 말을 할 때에는 너희에게 복이 있나니 기뻐하고 즐거워하라 하늘에서 너희 상이 큼이라 ...."(마 5:11-12).

바울은 데살로니가 교인들이 이 기쁨을 가진 것을 칭찬한다: "또 너희는 많은 환난 가운데 성령의 기쁨으로 말씀을 받아 우리와 주를 본 받는 자가 되었으니"(살전 1:6). 바울 자신이 누구보다도 박해를 많이 받았다. 기쁨의 편지라고 하는 빌립보서는 옥중서신이다. 빌립보에서 바울과 실라는 점치는 귀신들린 여종을 고친 사건으로 고소를 당하여 감옥에 갇혔다. 그들은 매를 많이 맞고 발에 쇠고랑을 차고 깊은 옥에 갇혔지만 그곳에서 기쁨으로 찬송했다: "한 밤중에 바울과 실라가 기도하고 하나님을 찬송하매 죄수들이 듣더라"(행 16:25). 이런 고통스러운 상황 가운데서 바울은 빌립보서를 기록하면서 빌립보 교인들에게 기뻐하라고 권면했다(빌 4:4).

'화평(peace)'은 평안, 평화 또는 평강의 뜻이다. 세상이 혼란스럽고 어두울 때 우리가 간절히 원하는 것이 화평의 열매이다. 예수께서는 8복 중의 하나로 화평의 복을 말씀하셨다: "화평하게 하는 자는 복이 있나니 그들이 하나님의 아들이라 일컬음을 받을 것임이요"(마 5:9). 그들이 하나님의 아들이라 일컬음을 받는 이유는 하나님의 나라는 성령 안에서 누리는 의와 평강과 희락이기 때문이다(롬 14:17). 이 평강은, 주님께서 말씀하셨듯이, 세상이 알 수도 없고 줄 수도 없는 것이다(요 14:27). 이 화평은 환란과 고통 가운데서도 마음 깊숙한 곳에서 우러나오는 성령의 선물이다. 성령께서는 이 신비스러운 화평으로 모든 시기, 갈등, 다툼을 잠재우고 마음을 하나로 묶으신다: "평안의 매는 줄로 성령이 하나 되게 하신 것을 힘써 지키라"(엡 4:3). 그래서 성령께서 함께 하시지 않으면 갈등과 분쟁이 끊이지 않는다: "이 사람들은 분열을 일으키는 자며 육신에 속한 자며 성령이 없는 자니라"(유 1:19).

'오래 참음(longsuffering)'은 하나님의 성품이다. 하나님은 죄인들을 오래 참으신다: "이 예수를 하나님이 그의 피로써 믿음으로 말미암는 화목제물로 세우셨으니 이는 하나님께서 길이 참으시는 중에 전에 지은 죄를 간과하심으로 자기의 의로우심을 나타내려 하심이니"(롬 3:25). 조급한 현대인들에게 아주 필요한 품성이 오래 참음이다. 이 품성은 바울의 사랑에 관한 정의에서 제일 먼저 나타난다(고전 13:4). 그리고 인내는 소망과 관련이 있다(살전 1:3). 인내는 연단을 낳고 연단은 소망을 이루기 때문이다(롬 5:4). 우리가 바라고 소망하는 것이 확실할 때 우리는 오래 참을 수 있다(롬8:25). 아브라함의 구원도 소망을 가지고 오래 참음으로 이루어졌다(롬 4:18-22).

그런데 성령을 따라 살면 오래 참을 수 있을까? 사도행전에 나타난 성령은 급하고 강한 바람 소리를 내며(2:2), 불의 혀같이 갈라지는 형상(2:3)으로 묘사되어 있다. 우리들에게 친숙한 이 이미지는 오래참음이라는 속성과는 거리가 있어 보인다. 이에 비해서, 바울서신들에 나타나는 인격적인 보혜사 성령은 위로하시고, 도우시고, 상담하시고, 대언하시고, 말할 수 없는 탄식으로 간구하시는 분으로 오래참음의 품성을 잘 나타내 준다.

성령에 따라 살았든 바울은 이렇게 권면한다: "또 형제들아 너희를 권면하노니 게으른 자들을 권계하며 마음이 약한 자들을 격려하고 힘이 없는 자들을 붙들어 주며 모든 사람에게 오래 참으라"(살전 5:14). 우리는 성령께서 우리를 위로하시고, 도우시고, 상담하시고, 대언하시고, 간구해 주실 때 오래참음의 품성을 키울 수 있다.

'자비(gentleness)'는 친절, 올바름, 긍휼 등의 의미를 가지며, 잔인, 진노, 사나움 등의 의미와 대조된다. 이 성품은 사랑과 오래참음과 연결되어 있다. 성령 안에서 형성되는 이 성품은 하나님께서 순종하지 아니하는 자들에게도 오래 참으시고 불쌍히 여기시는 성품이다. 예수께서는 진정한 이웃이 되기 위해서 필요한 성품이 자비라고 가르치셨다. 누가복음 10장의 사마리아인의 비유에서 자비가 무엇인지 설명되어 있다. 사마리아인은 강도 만난 자를 보고 "... 불쌍히 여겨 가까이 가서 기름과 포도주를 그 상처에 붓고 싸매고 자기 짐승에 태워 주막으로 가서 돌보아 주니라"(눅 10:33-34). 이 비유에서 보듯이, 진정한 자비는 불쌍히 여기는 마음과 구체적 도움을 주는 수고가 함께 해야 한다.

'양선(goodness)' 이 단어의 사전적 의미는 좋음, 선함, 유익함으로, 성령을 받은 사람은 다른 사람에게 좋고, 선하고, 유익한 일을 행한다. 가장 좋은 예가 예수님의 경우이다. 예수께서는 성령이 임재하심으로 자신이 행할 사역을 이렇게 선포하셨다: "주의 성령이 내게 임하셨으니 이는 가난한 자에게 복음을 전하게 하시려고 내게 기름을 부으시고 나를 보내사 포로된 자에게 자유를, 눈 먼 자에게 다시 보게 함을 전파하며 눌린 자를 자유롭게 하고 주의 은혜의 해를 전파하게 하려 하심이라 하였더라"(눅 4:18-19).

그리고, 성령께서 그리스도인들에게 다양한 은사들을 나누어 주시는 이유는 각 사람을 유익하게 할 뿐 아니라 지체들 피차에 유익하게 하고 그리스도의 몸을 세우려 함이다: "각 사람에게 성령을 나타내심은 유익하게 하려 하심이라 ... 이 모든 일은 같은 한 성령이 행하사 그의 뜻대로 각 사람에게 나누어 주시는 것이니라"(고전 12:7, 11).

'충성(faith)' 성령께서 우리 안에 내주하시면, 우리는 성령을 통해서 성자와 성부와 교류할 수 있다. 성령의 이러한 중재적 사역으로 우리는 성부와 성자의 품성을 배워나간다. 우리는 성자의 삶에서 성부 하나님께 죽기까지 순종하는 충성심을 배울 수 있다. 이 충성심은 그리스도 찬가

에 잘 나타나 있다: "사람의 모양으로 나타나사 자기를 낮추시고 죽기까지 복종하셨으니 곧 십자가의 죽으심이라"(빌 2:8). 그리고 우리는 성부 하나님의 창조 세계에서 불변하는 창조 질서와 조화 속에서 하나님의 신실하심을 배울 수 있다.

우리는 하나님의 신실하심을 믿고 시련과 고난 가운데서도 하나님께 대한 충성심을 지켜나가고자 한다. 우리가 성령을 따라 살면, 우리에게 맡겨진 일을 충성스럽게 수행하는 인격과 대인관계에서 변하지 않는 신실함의 열매를 맺을 수 있다. 이 성품은 변덕스러움, 조급함, 불성실함과 대조된다. 영성의 실천적인 면을 강조하는 야고보는 충성을 믿음으로 구하고 두 마음을 품지 않는 것이라 하였다(약 1:6-8).

'온유(meekness)'는 따뜻하고 부드러움, 인자함, 양순함 등으로 해석될 수 있는데, 이 성품은 다른 사람들과의 관계에서 잘 드러난다. 예수께서는 자신이 '온유하고 겸손하다'고 말씀하시면서 자신에게 배우면 마음에 쉼을 얻을 수 있다고 하셨다(마 11:29). 예수께서는 8복 중의 하나로 온유함을 말씀하셨다: "온유한 자는 복이 있나니 그들이 땅을 기업으로 받을 것임이요"(마 5:5). 다윗은 주의 온유함의 은택을 입어 자신이 크게 쓰임을 받았다고 노래했다(삼하 22:36).

주의 종들은 이 성품을 가져야 한다. 바울은 주의 종은 "모든 사람에 대하여 온유해야 함"을 말하고 있다(딤후 2:24). 형제 자매들 가운데 문제가 생기면 신령한 자들은 "온유한 심령"으로 그것을 바로 잡아야 한다(갈 6:1). 주의 종 모세는 이 온유함이 지면의 모든 사람보다 더 하였다고 칭찬을 받았다(민 12:3).

'절제(temperance)' 바울은 말세에 사람들이 절제하지 못하는 삶을 산다고 했다(딤후 3:3). 사람들은 무절제한 삶을 즐기는 것 같지만, 사실은 애착, 탐닉, 또는 중독으로 인해 고통을 당한다. 절제라는 이 용어는 고린도전서 7장 9절에서는 성적 절제를, 고린도전서 9장 25절에서는 이기고자 하는 자는 모든 일에 절제해야 함을 말하고 있다. 베드로는 신의 품성에 참여하는 데 절제가 필요하다고 보았다(벧후 1:6).

성령 안에 있으면 어떻게 우리에게 절제력이 생기는 것일까? 성령 안에 있으면 하나님으로부터 오는 평안과 기쁨이 우리의 마음을 조절하게 한다. 바울은 이것을 성령께서 우리의 속사람을 능력으로 강건하게 하는 것이라 했다(엡 3:16). 성령께서는 또한 그리스도와 같은 형상으로 우리의 성품을 변화시키신다(고후 3:18). 성령께서는 구체적으로 이 일을 어떻게 행하시는가?

"내가 이르노니 너희는 성령을 따라 행하라 그리하면 육체의 욕심을 이루지 아니하리라 육체의 소욕은 성령을 거스리고 성령은 육체를 거스르나니 이 둘이 서로 대적함으로 너희가 원하는 것을 하지 못하게 하려 함이니라"(갈 5:16-17). 사랑으로 시작한 성령의 9가지 열매들의 마지막에 절제를 둔 것은 이 모든 성품들이 절제하는 가운데 조화와 균형을 이루어야 하기 때문이다.

이상에서 나타난 성령의 열매들은 상호 유기적으로 연결되어 있으면서 온전하고 성숙한 성품과 인격을 만들어간다. 이 열매들은 주위 사람들과의 관계를 원만하게 하고 더불어 행복한 삶을 이루어 나가게 한다.

베드로는 성령의 열매를 신의 성품(divine nature)에 참여하는 것으로 보았다:

> 이로써 그 보배롭고 지극히 큰 약속을 우리에게 주사
> 이 약속으로 말미암아 너희가 정욕 때문에 세상에서 썩어질

> 것을 피하여 신성한 성품에 참여하는 자가 되게 하려 하셨느니라 그러므로 너희가 더욱 힘써 너희 믿음에 덕을, 덕에 지식을, 지식에 절제를, 절제에 인내를, 인내에 경건을, 경건에 형제 우애를, 형제 우애에 사랑을 더하라(벧후 1:4-7).

신의 성품에서 제일 먼저 나오는 믿음은 신적 성품 형성의 시작이요 기초라고 할 수 있다. 이 믿음의 기반 위에서 다른 성품들이 형성되어져야 한다. 신의 성품은 믿음에만 머물러 있지 않고 성숙하여야 하는데, 성숙의 단계에서 먼저 덕을 쌓는 것이 중요하다. 덕이 있을 뿐 아니라 하나님과 사람, 세상과 자연에 대한 지식을 가지고 있어야 한다. 맹목적인 신앙이 위험하기 때문에 끊임없이 배우는 자세를 가져야 한다. 그러나 지식이 있는 사람은 그 지식을 과시하고픈 욕구를 절제해야 한다. 아는 티를 내고 다른 사람들을 무시하고 차별하면 공동체의 화평을 기하기 어렵다. 그래서 성숙한 신앙은 모든 사람들에 대하여 인내하고 견뎌야 한다. 그리고 그의 삶에서 하나님을 경외하고 그리스도의 향기가 풍기는 경건이 뿌리내리고, 가족들 간의 화평과 사랑을 이루고, 주님과 같이 모든 사람을 긍휼히 여기고 품을 수 있는 사랑을 가질 때, 신적 성품이 온전히 이루어진다.

베드로 후서에 나타난 신의 성품은 믿음에서 시작하여 한 단계 한 단계 올라가면서 그 정점에는 사랑에 이른다. 이에 비하여, 바울은 성령의 9가지 열매의 제일 처음에 사랑을 소개하면서 그 중요성을 부각시켰다. 바울은 사랑의 본질을 노래한 고린도전서 13장을 시작하기 전에 사랑을 이렇게 소개한다: "너희는 더욱 큰 은사를 사모하라 내가 또한 가장 좋은 길을 너희에게 보이리라."(고전 12:31) 여기서 사랑은 "더욱 큰 은사"요 "가장 좋은 길"이다. 그래서 그는 사랑을 "율법의 완성"(롬 13:10)이라 결론 내리고, "남을 사랑하는 자는 율법을 다 이루었느니라"(롬 13:8)고 말한다. 이런 점에서 보면, 사랑은 성경적 영성의 완성이라고 할 수 있다.

예수께서는 성령의 열매를 맺거나 신의 성품에 참여하는 비결을 그의 포도나무 비유에서 우리들에게 가르쳐주셨다: "나는 포도나무요 너희는 가지라 그가 내 안에, 내가 그 안에 거하면 사람이 열매를 많이 맺나니 나를 떠나서는 너희가 아무 것도 할 수 없음이라"(요 15:5). 성령의 열매나 신의 성품은 성령에 따라 사는 삶에서 얻어지는 영성적 성품으로서 윤리적인 면뿐만 아니라 그리스도인의 인격의 내면적 성숙, 즉 속사람의 변화에서 나타나는 성품을 의미한다. 변화된 성품은 인간관계의 변화를 가져온다. 인간관계가 개선되면, 주위 사람들과의 어렵고 힘든 관계가 개선되고 새로운 삶을 살아갈 수 있다. 이것은 성령께서 주시는 놀라운 축복이다. 바울은 이 축복을 위하여 기도하였다: "그의 영광의 풍성함을 따라 그의 성령으로 말미암아 너희 속사람을 능력으로 강건하게 하시오며"(엡 3:16). 이 성령의 열매들이 우리 속에 열리면 우리가 이것들을 잘 관리하고 보존해야 한다. 그렇지 않으면 우리가 그것들을 쉽게 잃어버리거나 변질될 수 있다. 공동체에서는 규율이 있기 마련이지만, 우리 개개인의 신앙생활에서는 규율이 없는 경우가 많다. 이 성령의 열매들을 체계적으로 관리하는 방법이 신앙생활에서 일정한 계획과 규칙을 가지는 것이다. 이것을 영성수련에서는 생활규칙이라고 한다. M. J. 톰슨에 의하면, "생활규칙은 영성수련의 한 형태로서, 거룩하게 성장하려는 사람들을 이끌어 주고 그들에게 체계를 제공해 주는 역할을 한다."[80]

---

80 「영성훈련의 이론과 실천」, 220

그러나 영성수련 만으로 이 땅에서 그리스도의 형상을 완전하게 이루기는 어렵다. 바울은 “내가 이미 얻었다 함도 아니요 온전히 이루었다 함도 아니라”(빌 3:12a)라고 고백하고, 끊임없이 자기 몸을 쳐 복종시켜 가면서(고전 9:27) “푯대를 향하여 그리스도 예수 안에서 하나님이 위에서 부르신 부름의 상을 위하여 달려 가노라”(빌 3:14)고 말한다. 그리고 그는 “그런즉 선 줄로 생각하는 자는 넘어질까 조심하라”(고전 10:12)라고 경계한다.

8. 성경적 영성 형성의 목표: 그리스도의 몸 세우기

앞장에서 살펴본 예수 그리스도의 영성 구성 요소 중에는 하나님 나라의 실현이 포함되어 있다. 예수께서는 하나님 나라가 가까웠다고 선포하심으로 그의 사역을 시작하셨다. 그가 가르치신 주기도문에도 “나라가 임하시오며 뜻이 하늘에서 이루어진 것같이 땅에서도 이루어지이다”(마 6:10)라는 기도가 들어 있다. 이 기도는 우리 믿는 자들이 이 땅에서 하나님 나라의 실현을 위해 살도록 가르치신 것이다.

주님의 이 기도는 십자가와 부활 이후 성령이 임하심으로 몸된 교회를 통해서 실현되기 시작했다. 이 땅에서 그리스도의 몸을 세워나가는 것이 곧 하나님 나라를 실현하는 것이다. 이 땅에서 그리스도의 몸이 세워지고 확장되어 나가는 것은 삼위일체 하나님의 공동사역이다.

성령께서는 다양한 은사들을 주셔서 그리스도의 몸을 세워나가게 하

신다. 이 다양한 은사들은 로마서 12:6-8과 고린도전서 12:8-10에 열거되어 있다:

> 우리에게 주신 은혜대로 받은 은사가 각각 다르니 혹 예언이면 믿음의 분수대로, 혹 섬기는 일이면 섬기는 일로, 혹 가르치는 자면 가르치는 일로, 혹 위로하는 자면 위로하는 일로, 구제하는 자는 부지런함으로, 긍휼을 베푸는 자는 즐거움으로 할 것이니라(롬 12:6-8)

> 어떤 사람에게는 성령으로 말미암아 지혜의 말씀을, 어떤 사람에게는 같은 성령을 따라 지식의 말씀을, 다른 사람에게는 같은 성령으로 믿음을, 어떤 사람에게는 한 성령으로 병 고치는 은사를, 어떤 사람에게는 능력 행함을, 어떤 사람에게는 예언함을, 어떤 사람에게는 영들 분별함을, 다른 사람에게는 각종 방언 말함을, 어떤 사람에게는 방언들 통역함을 주시나니(고전 12:8-10)

성령의 은사들은 여기서 열거된 것에 국한되지 않는다. 성령께서 이렇게 다양한 은사들을 우리에게 주셨는데, 이 은사들을 우리는 어떻게 활용하여 그리스도의 몸을 세워나갈 수 있을까? 사도 바울은 이렇게 권면한다: "성령께서는 각 사람에게 각각 다른 은총의 선물을 주셨는데 그것은 공동이익을 위한 것입니다"(고전 12:7, 공동번역). 이 은사들은 각기 다르지만 동일한 성령께서 주셨기 때문에, 성령께서 이 은사들을 주신 목적과 뜻을 분명하게 깨닫는 것이 무엇보다도 중요하다. 그래서 우리는 성령님과의 관계를 친밀하게 해야 한다. 그리고 우리는 이 은사들을 공동이익 곧 다른 지체들의 유익을 위해서 사용해야 한다.

성령의 다양한 은사들이 조화롭게 사용되기 위해서는 일정한 질서와 규율이 필요하다. 다시 말하면, 다양성 가운데 통일성이 있어야 한다. 다양성이라는 수평적 차원은 통일성이라는 수직적 차원과 균형과 조화를 이루어야 한다. 은사들의 다양성 가운데 통일성을 확보하기 위한 것이 성경이 규정하는 직제다. 하나님은 그리스도의 몸을 세우기 위해서 지도자들을 세우셨다:

> 하나님이 교회 중에 몇을 세우셨으니 첫째는 사도요 둘째는 선지자요 셋째는 교사요 그 다음은 능력을 행하는 자요 그 다음은 병 고치는 은사와 서로 돕는 것과 다스리는 것과 각종 방언을 말하는 것이라(고전 12:28)

여기서 괄목할 만한 사실은 우리가 일반적으로 높이 평가하는 능력 행함과 병 고치는 은사를 교사 아래 두고 있다는 것이다. 이것은 성경 말씀을 가르치는 교사의 일이 중요하다는 사실을 강조한 것이다. 바울은 에베소서에서 위의 것과 약간 다른 형식으로 직제를 규정하고 있지만, 그 큰 틀은 동일하다.

> 그가 어떤 사람은 사도로, 어떤 사람은 선지자로, 어떤 사람은 복음 전하는 자로, 어떤 사람은 목사와 교사로 삼으셨으니 이는 성도를 온전하게 하여 봉사의 일을 하게 하며 그리스도의 몸을 세우려 하심이라(엡 4:11-12).

하나님께서 지도자들을 세우셨으니 지도자와 성도는 서로 협력하여 주님의 몸을 세워나가야 한다. 현실적으로 양자 간에 갈등과 다툼이 있을 수 있지만, 궁극적으로는 성령 안에서 하나 되는 것이 해결책이다.

바울은 은사와 직분을 운용하는 원리로서 성령의 열매 중 제일가는 사랑을 제시하였다: "너희는 더욱 큰 은사를 사모하라 내가 또한 가장 좋은 길을 너희에게 보이리라"(고전 12:31). 고린도전서 12장과 14장은 은사들을 다루는데, 바울은 13장에서 그 은사들의 활용원리로서 사랑을 자세하게 설명하고 있다. 그는 또한 교회의 직분자들이 사랑 안에서 그리스도의 몸을 세워야 함을 강조한다: "오직 사랑 안에서 참된 것을 하여 범사에 그에게까지 자랄지라 그는 머리니 곧 그리스도라 그에게서 온 몸이 각 마디를 통하여 도움을 받음으로 연결되고 결합되어 각 지체의 분량대로 역사하여 그 몸을 자라게 하여 사랑 안에서 스스로 세우느니라"(엡 4:15-16). 은사와 직분의 활용원리로서 사랑이 중요한 이유는 다양한 은사들과 직분들 간에 경쟁과 시기로 인해서 다툼과 갈등이 생길 수 있기 때문이다.

우리는 그리스도의 몸을 이 땅에서 세워나가기 위한 성령의 은사들과 직제들을 살펴보았다. 그리스도의 몸은 다양한 은사들을 가진 개개인이 혼자 감당해야 할 일들이 있고 서로가 모여서 더불어 감당해야 할 일들이 있다. 여기서는 그리스도의 몸을 세우기 위해서 이 은사들과 직제를 활용하는데 '혼자'라는 측면과 다른 지체들과의 관계에서 '더불어'라는 측면으로 나누어 살펴본다.

1) 혼자와 더불어

이런 격언이 있다: 만약 당신이 빨리 가고자 한다면, 혼자 가라. 그러나 만약 당신이 멀리 가고자 한다면, 함께 가라. (If you want to go fast, go alone. But if you want to go far, go together.)

오늘날은 빨리 가려고 혼자 가는 사람들이 많다. 이런 추세에 따라서 영성수련도 개인화되는 경향이 있다. 그래서 교회지도자들 중에는 묵상과 성찰중심의 영성수련이 교인들을 교회에서 멀어지게 하지 않을까 염려하는 사람들이 있다. 그런 이유로 이 영성수련을 적극적으로 권면하지 못한다. 그러나 바른 영성은 '혼자'와 '더불어'가 조화와 균형을 이루어야 한다. 혼자 있을 때는 주님과 함께하는 시간이다. 주님께서 이때 우리에게 주신 것을 혼자만 누릴 것이 아니라 다른 사람들과 더불어 나누어야 한다. 이 둘 중에 어느 한쪽으로 치우칠 때에는 문제가 생긴다.

D. 본회퍼가 이것을 잘 설명해준다:

> 사귐 안에 서 있을 때에만 우리는 홀로 있을 수 있고, 또한 홀로 있을 수 있는 사람만이 사귐 안에서 살 수 있다는 것을 우리는 깨닫습니다. 이 둘은 서로 떨어질 수가 없습니다. 사귐 속에서만 우리는 어떻게 바로 홀로일 수 있느냐 하는 것을 배우고, 홀로 있음으로써만 우리는 어떻게 사귐 안에 서 있을 수 있느냐 하는 것을 배웁니다. 이 둘은 어느 하나가 다른 하나를 앞서는 것 같은 관계가 아니라, 둘은 동시에 시작되는 것입니다. 곧 예수 그리스도의 부르

심으로 시작되는 것입니다.[81]

R. 포스터(Foster)는 그의 『영적훈련과 성장』에서 영성훈련을 개인 훈련과 공동체 훈련으로 나눈다. 그리고 그는 개인 훈련을 내적훈련(묵상과 기도, 금식과 학습)과 외적훈련(삶의 단순화. 혼자 있는 것. 복종과 섬김)으로, 공동체 훈련으로 고백, 예배, 인도함을 받는 것과 경축을 설명했다.[82] 여기서 열거된 것들 외에도 다양한 영성수련이 있는데, 우리는 개인적으로 어떤 훈련들을 받아야 할까? S. 찬은 영적 훈련에 대해서 좀 더 구체적인 조언을 하고 있다: "개인적으로 무엇이 도움이 되는가를 발견하는 것이 최선이다. ... 대개 가장 적합한 영적 도구는 개인적인 기질, 은사, 이전의 훈련에 의해 결정된다."[83]

영성수련에서 개인적인 측면이 강하게 드러나는 경향이 있지만, 내적인 훈련을 공동체 훈련없이 지나치게 강조하면 성경적 영성 형성에 문제가 생길 수 있다. 특히 중세나 동방교회 영성을 보면, 신비주의 경험을 강조해서 영성수련의 궁극적 목표를 신화(신과 같이 되는 것)나 신인합일로 생각한다. 영성수련에서 지나치게 이 측면을 강조하면 신비주의로 치우치게 되고, 스스로가 신과 같이 된 것으로 착각하기 쉽다. 건전한 홀로 있기 훈련은 공동체로 향하게 되어 있다. 토마스 머톤(Merton)은 이 사실을 잘 지적하고 있다:

81 「신도의 공동생활」, 101
82 (생명의 말씀사, 2005), 13
83 「영성신학」, 176

내가 나의 형제들을 진실로 사랑할 수 있는 온유함을 찾은 것은 홀로 있기를 통해서였다. 홀로 있기에 깊이 들어갈수록 나는 나의 형제들에 대하여 보다 더 많은 애정을 가지게 되었다. ... 홀로 있기와 고요함은 나의 형제들을 사랑하되 그들의 말에 의거하여 사랑할 것이 아니라 그들의 존재 자체에 의거하여 사랑할 것을 나에게 가르쳐 주었다.[84]

포스터에 의하면, 공동체 훈련에는 같은 신앙을 고백하여 공동체임을 확인하는 훈련이 있어야 하고, 모여서 예배를 드리고 인도하심을 받는 훈련과, 마지막에는 기뻐하는 훈련이 있어야 한다[85]. 이 경축훈련에서 강조되는 것은 기쁨을 나누는 것이다. 모이면 서로 기쁘고 반가워해야 한다. 혼자있는 훈련은 주님을 찾고 주님과 함께 하는 훈련이다. 혼자 있으면서 외롭지 않으려면 주님과 함께 해야 한다. 주님께서는 우리에게 미리 본을 모여주셨다: "보라 너희가 각각 제 곳으로 흩어지고 나를 혼자 둘 때가 오나니 벌써 왔도다. 그러나 내가 혼자 있는 것이 아니라 아버지께서 나와 함께 계시느니라. 이것을 너희에게 이르는 것은 너희로 내 안에서 평안을 누리게 하려 함이라"(요 16:32-33a). 이 혼자 있는 훈련에 대해서 본회퍼는 이렇게 조언한다:

홀로 있을 수 없는 사람은 사귐 앞에서 마음의 고삐를

84 포스트, 앞의 책, 159에서 재인용
85 앞의 책, 207-283

잡으라. 그런 사람은 자기 자신 뿐 아니라, 사귐에도 손해를 끼칠 따름입니다. 하나님이 그대를 부르셨을 때, 그대는 홀로 그의 앞에 섰었고 홀로 그대는 그 부르심에 응답해야 했습니다. 홀로 십자가를 지고 싸우고 기도해야 했습니다. 그리고 홀로 그대는 죽을 것이요, 홀로 하나님과 결산을 맞추어야 합니다.[86]

우리는 하나님과 혼자 결산함으로서 무엇보다도 귀중한 우리의 목숨을 보존할 수 있다: "사람이 만일 온 천하를 얻고도 제 목숨을 잃으면 무엇이 유익하리요 사람이 무엇을 주고 제 목숨과 바꾸겠느냐"(마 16:26). 혼자 있는 훈련을 하기 위해서는 자신의 믿음에 대한 확신이 있어야 한다. 그래서 바울은 이렇게 권면한다: "네게 있는 믿음을 하나님 앞에서 스스로 가지고 있으라 자기가 옳다 하는 바로 자기를 정죄하지 아니하는 자는 복이 있도다"(롬 14:22).

그래서 영성 훈련에서는 '혼자'와 '더불어'가 조화를 이루어야 한다. S. 찬에 의하면, "그리스도인들로서 우리 자신의 개인적 이야기들은 더 큰 기독교 이야기의 부분일 경우에만 의미가 있다".[87] 율법적이며 경직된 공동체에서는 수직관계가 너무 심해져서 개인이 없어질 경우도 있다. 전통적으로 우리 문화는 대체로 집단성이 강하였지만, 최근에 들어서 그것이 급격히 변하고 있다.

건전한 공동체 훈련에서는 개인주의를 피해야 하고 공동체가 집단화

---

86 「신도의 공동생활」, 100
87 앞의 책, 335

되어서도 안 된다. 여기서 말하는 '집단화'란 개인의 신앙이나 성격이 무시되고, 수직관계가 강해져서 공동체가 경직되어 구성원 간의 상호성이 없어지는 것이다. 진정한 공동체 영성은 양극(개인주의, 집단화)을 피하고, 균형과 조화를 이루는 절제가 필요하다. 바울은 그의 서신들에서 진정한 공동체가 무엇인지 구체적으로 가르쳐주고 있다(특히, 고전 12장, 롬 14-15장).

2) 공동체 원리

바울 시대의 로마교회는 유대인과 이방인 간에 갈등이 있었다. 구체적으로는, 이방신전에 바쳐진 고기를 먹느냐 마느냐 하는 문제 등으로 교회 안에서 유대인들과 이방인들은 서로 긴장관계에 있었다. 이런 배경하에서 바울은 로마서 14-15장에서 교회 공동체 원리와 정신을 명확하게 설명하고 있으며, 이 원리에 따라 교회 안의 갈등을 다룬다.

> 믿음이 연약한 자를 너희가 받되 그의 의견을 비판하지 말라 어떤 사람은 모든 것을 먹을 만한 믿음이 있고 믿음이 연약한 자는 채소만 먹느니라 먹는 자는 먹지 않는 자를 업신여기지 말고 먹지 않는 자는 먹는 자를 비판하지 말라 이는 하나님이 그를 받으셨음이라 남의 하인을 비판하는 너는 누구냐 그가 서 있는 것이나 넘어지는 것이 자기 주인에게 있으매 그가 세움을 받으리니 이는 그를 세우시는 권능이 주께 있음이라(롬 14:1-4).

믿음이 강한 자는 믿음이 약한 자를 업신여기지 말고, 믿음이 약한 자는 믿음이 강한 자를 비판하지 말아야 한다. 상호 간에 배려가 중요하다. 그리스도 안에서 서로가 필요한 존재이다. 본회퍼의 말을 들어보자:

> 그러므로 그리스도인은 하나님의 말씀을 들려주는 다른 그리스도인이 필요한 것입니다. 자신을 잃고 절망에 빠졌을 때에 그는 다른 그리스도인이 새삼 필요하게 되는 것입니다. .... 자기의 마음 속에 계시는 그리스도는 형제의 말씀 안에 계시는 그리스도보다 약합니다. 자기의 마음 속에 계시는 그리스도는 불확실하나, 형제의 말씀 안에 계시는 그리스도는 확실합니다.[88]

믿음이 약하든 강하든, 어떤 사람을 하나님이 공동체의 일원으로 불러들임에는 이유가 있다. 그리스도인들 중에는 우리가 이해하기 어려운 사람들도 다수 있다. 그리고 우리가 보기에 평범하고 단순하여 믿음이 약하게 보이는 사람도 있으나, 실상은 그와 반대인 경우도 있다. S. 찬에 의하면,

> 그리스도인의 삶은 비밀스러운 방법들과 특이한 은사보다는 평범하고 단순한 발달 방법을 따름으로서 더 잘 영위할 수 있다. 영적 지도를 받고 분별 있는 규칙을 준수하

---

88 앞의 책, 24-25

는 그리스도인은, 끊임없이 새로운 영적 경험들을 추구하고, 기도, 성경 연구와 그룹역학에 대한 최신 기법들을 실험하는 사람보다는 시간이 흐름에 따라서 견고한 영적 진보를 더 잘 경험하는 것 같다.[89]

우리 각자는 주님의 주권에 순복해야 한다. 넘어지고 세우는 것도 주님의 주권이다. 각 사람은 하나님께 직접 고하는 권리가 있다: "이러므로 우리 각 사람이 자기 일을 하나님께 직고하리라"(롬 14:12). 그래서 교회 안에서 믿음이 약한 자의 의견이라도 이해하고 수용해야 하고, 비판은 지양해야 한다. 공동체의 중심도, 공동체의 주인도 모두 하나님이다. 주님의 주권을 인정하며 서로 간에 화평과 덕을 세우는 것이 중요하다. 본회퍼는 이 진리를 잘 설명하고 있다:

> 하나님은 내가 남을 내 마음에 드는 형상으로 주물러 만드는 것을 원치 않으십니다. 그것은 그를 곧 나의 형상으로 짓는 것입니다. 하나님은 나에게 얽매이지 않고 자유로이 당신의 형상으로 나 아닌 사람을 지으신 것입니다.[90]

바울에 의하면, 강한 자는 우상에게 바쳐진 제물을 담대하게 먹는 자가 아니다. 만일 나의 자유가 약한 자를 넘어뜨리는 것이라면, 그 자유를 억제할 수 있는 자가 진정으로 강한 자다. 공동체 안에서 자신의 자유를

---

89 앞의 책, 335
90 앞의 책, 122

제한할 수 있는 자가 강한 사람이다. 이것은 사랑의 원리에 근거하고 있다: “하나님의 나라는 먹는 것과 마시는 것이 아니요 오직 성령 안에 있는 의와 평강과 희락이라”; “그러므로 우리가 화평의 일과 서로 덕을 세우는 일을 힘쓰나니”(롬 14:17, 19).

그래서 화평하고 덕을 세우는 참된 사랑은, 무엇보다도, 이웃에 대한 공감에 근거하고 있다. H. 나우웬(Nouwen)은 이 공감을 잘 설명하고 있다:

> 공감은, 하느님은 하느님이시고 인간은 인간일 뿐만이 아니라 우리 이웃은 우리의 진정한 동료라는 사실을 우리 자신의 존재 중심에서 발견할 때 생기는 것이다. 공감을 통해서 우리는 사람들이 지니는 사랑의 갈망이 우리 자신 안에도 있음을 알 수 있게 되고, 동시에 공감을 통해서 세계 내에서 자행되는 갖가지 잔인성이 우리 자신의 충동 안에 뿌리를 박고 있음을 깨닫게 된다. .... 이 공감이 바로 권위인 것이다. ... 그래서 공감의 권위는 인간을 용서할 수 있는 가능성이다.[91]

우리가 공감하기 위해서는 잘 들어야 하는데 이것이 쉽지 않다. 본회퍼는 이 들음의 중요성을 이렇게 말한다:

91 「상처입은 치유자」, 53

> 세상에는 제 말에 귀를 돌려 줄 사람을 찾는 사람이 많습니다. 그러나 들을 귀를 가진 사람을 그리스도인 가운데서 찾을 수는 없습니다. 그들은 들어야 할 때에도 입을 엽니다. 형제에게 귀를 기울이지 못하는 사람은 불원 하나님에게도 귀를 기울이지 않게 될 것이요, 하나님을 향해서 언제나 지껄이기만 할 것입니다.[92]

V. 복트(Vogt)는 이 진리를 다음과 같이 표현한다: "만약 당신이 당신의 형제에게서 들을 수 없다면 성령에게서도 들을 수 없다."[93]

우리에게는 입이 하나요 귀가 둘이 있다. 이것은 두 번 듣고 한 번 말하라는 뜻이 아닐까? 우리가 이 세상에서 살다 보면 끊임없이 말을 해서 자기를 알릴 필요가 있다. 그러나, 다른 한편으로는, 우리가 잘 들음으로써 보다 쉽게 살 수 있다. 야고보는 "듣기는 속히 하고 말하기는 더디 하라"고 가르친다(약 1:19). 이렇게 하면 성내기도 더디 할 수 있을 것이다. 야고보는 공동체 안에서 특히 혀, 즉 말하기를 조심하라고 가르친다:

> 우리가 다 실수가 많으니 만일 말에 실수가 없는 자라면 곧 온전한 사람이라 능히 온 몸도 굴레 씌우리라 우리가 말들의 입에 재갈 물리는 것은 우리에게 순종하게 하려고 그 온 몸을 제어하는 것이라 또 배를 보라 그렇게 크고 광풍에 밀려가는 것들을 지극히 작은 키로써 사공의 뜻대

92 앞의 책, 128
93 포스트, 앞의 책, 264에서 재인용

> 로 운행하나니 이와 같이 혀도 작은 지체로되 큰 것을 자랑하도다 보라 얼마나 작은 불이 얼마나 많은 나무를 태우는가 혀는 곧 불이요 불의의 세계라 혀는 우리 지체 중에서 온 몸을 더럽히고 삶의 수레바퀴를 불사르나니 그 사르는 것이 지옥 불에서 나느니라 여러 종류의 짐승과 새와 벌레와 바다의 생물은 다 사람이 길들일 수 있고 길들여 왔거니와 혀는 능히 길들일 사람이 없나니 쉬지 아니하는 악이요 죽이는 독이 가득한 것이라(약 3:2-8).

진정한 공동체 영성은, 이 모든 것 위에, 성령 안에서 서로 사랑함으로 하나가 되는 원리가 중요하다: "평안의 매는 줄로 성령이 하나 되게 하신 것을 힘써 지키라 몸이 하나요 성령도 한 분이시니 이와 같이 너희가 부르심의 한 소망 안에서 부르심을 받았느니라"(엡 4:3-4).

바울은 이 진리를 건물의 비유로 설명하고 있다:

> 너희는 사도들과 선지자들의 터 위에 세우심을 입은 자로 그리스도 예수께서 친히 머릿돌이 되셨느니라 그의 안에서 건물마다 서로 연결하여 주 안에서 성전이 되어가고 너희도 성령 안에서 하나님이 거하실 처소가 되기 위하여 그리스도 예수 안에서 함께 지어져 가느니라(엡 2:20-22)

W. 바클레이에 의하면, "조직을 잊어버리고 성령을 재발견하는 것이 곧 참다운 그리스도인의 교제를 이룩하는 길이다. 분쟁하는 회중과 갈라

진 교회에는 언제나 성령께서 그 안에 거하시기를 거부하여 왔다."[94] "조직을 잊어버리고"는 조직이 필요 없다는 의미보다는 경직된 조직에 얽매이지 않고 성령을 재발견하여 조직을 혁신해야 참다운 교제가 이루어진다는 뜻이다. 비록 성경에 구원의 진리가 명확하게 기록되어 있지만, 성령의 조명이 희미하면 끊임없이 분렬과 분쟁이 일어난다. 이것은 개인의 삶에서나 교회에서나 동일하다.

결국, 주님의 공동체 원리를 다음과 같이 요약할 수 있다: 1) 주님의 주권사상 2) 성령 안에서 화평과 덕을 세우기 3) 약자 배려하기 – 약하고, 아무것도 아닌 지체 같은데, 몸에서는 없어서는 안 될 소중한 것이다. "임금이 대답하여 이르시되 내가 진실로 너희에게 이르노니 너희가 내 형제 중에 지극히 작은 자 하나에게 한 것이 곧 내게 한 것이니라"(마 25:40).

9. 종말(회복)과 소망의 영성

성경의 진리를 구원사적으로 살펴보면, 창조—타락—구원—심판—회복(재창조)으로 간략하게 설명할 수 있다. 여기서 창조와 타락의 영성적 의미는 인생묵상에서 살펴보았고, 구원 사건은 예수 그리스도의 십자가

---

94 「성령의 약속」, 148

와 부활에서 살펴보았다. 종말적인 심판과 회복은 요한계시록에서 집중적으로 다루고 있다.

하나님은 예수 그리스도의 십자가를 통해서 죄를 사하시고 그의 부활을 통해서 죽음을 극복하고 영생의 소망을 주셨다. 이 영생의 소망이 온전하게 성취되는 것이 요한계시록의 환상과 계시로 나타난다. 요한계시록의 심판과 회복이 우리의 영성 형성에서 어떤 의미가 있는가? 요한계시록은 일반적으로 소망의 책으로 알려져 있다. 오늘날 우리의 영성에서 취약한 부분이 소망이다. 예수 그리스도의 부활에 대한 믿음과 종말의 심판과 회복의 주제는 분명히 성경의 중요한 진리임에도 불구하고, 교회에서나 학문의 장에서 신앙과 삶과 연결시켜 심도 깊이 다루어지지 못했다.

종말의 심판과 회복은 현재를 사는 우리의 영성 형성에 어떤 의미가 있는가? 오늘 하루하루를 바쁘게 살아가는 우리들에게 내일과 소망은 다분히 관념적이며 빈약하다. 2020년 초부터 시작된 코로나 사태로 사회, 교회와 가정이 총체적인 환란을 겪고 있다. 우리는 이 상황에서 우리 신앙과 삶의 정체성을 어떻게 확보하고 이 시련을 이겨나갈 수 있을까? 이 환난은 어떤 의미가 있는가? 언제 이것이 종식되고 일상적인 삶으로 돌아갈 것인가? 불안과 두려움이 많은 사람들의 일상적인 현실이 된 것만은 사실이다. 종말의 심판과 회복의 때가 가까워 오면 우리가 사는 세상은 어떤 모습일까?

앞 장에서 그리스도의 몸 세우기에 대한 원론적인 내용을 다루어 보았다. 그런데, 이 주제가 중요한 만큼, 오늘날과 같이 혼란스럽고, 고통스러운 때에 어떻게 그리스도의 몸을 세워나갈 것인가를 좀 더 깊이 생각해 보지 않을 수 없다. 이 주제를 여기서 세상의 상황, 교회상황, 영적 상황

과 믿는 자의 영성을 중심으로 살펴본다.[95]

1) 세상의 상황

유대교의 랍비들은 자신의 임종이 가까이 오면 자신이 지금까지 연구하고 터득한 진리를 그의 수제자나 제자들에게 비밀스럽게 가르쳤다고 한다. 예수께서는 그의 종말 담론에서 말세에 일어날 일들에 대해서 미리 말씀하셨다(막 13:5-37). 그는 말세의 세상 상황을 이렇게 예언하셨다:

> 많은 사람이 내 이름으로 와서 이르되 내가 그라 하여 많은 사람을 미혹하리라 난리와 난리의 소문을 들을 때에 두려워하지 말라 이런 일이 있어야 하되 아직 끝은 아니니라 민족이 민족을, 나라가 나라를 대적하여 일어나겠고 곳곳에 지진이 있으며 기근이 있으리니 이는 재난의 시작이라(막 13:6-8).

그리고 그는 그의 마지막 밤에 고별담화(요 13-16장)를 통해서 제자들에게 자신의 죽음, 부활, 성령의 오심과 사역, 그리고 성령과 자신과의 관계 등을 가르치셨다.

사도 바울은 그의 마지막 서신인 디모데후서에서 사랑하는 아들과

---

95 오우성, 「바울의 영성신학」(빛을여는책방, 2018), 종말(회복)의 영성, 212-225; 오우성, 「요한계시록이야기」(대한기독교서회, 2013) 이야기 흐름, 45-53 참조

같은 디모데에게 유언과 같은 말씀을 적어 보냈다: "전제와 같이 내가 벌써 부어지고 나의 떠날 시각이 가까웠도다. 나는 선한 싸움을 싸우고 나의 달려갈 길을 마치고 믿음을 지켰으니 이제 후로는 나를 위하여 의의 면류관이 예비 되었으므로 주 곧 의로우신 재판장이 그 날에 내게 주실 것이며 내게만 아니라 주의 나타나심을 사모하는 모든 자에게도니라"(딤후 4:6-8). 바울은 이 편지에서 말세에 대한 예언과 그때에 디모데와 신자들이 처신해야 할 것들을 교훈으로 가르쳤다.

그는 말세를 사는 사람들의 심성을 이렇게 예언했다:

> 너는 이것을 알라 말세에 고통하는 때가 이르러 사람들이 자기를 사랑하며 돈을 사랑하며 자랑하며 교만하며 비방하며 부모를 거역하며 감사하지 아니하며 거룩하지 아니하며 무정하며 원통함을 풀지 아니하며 모함하며 절제하지 못하며 사나우며 선한 것을 좋아하지 아니하며 배신하며 조급하며 자만하며 쾌락을 사랑하기를 하나님 사랑하는 것보다 더하며 경건의 모양은 있으나 경건의 능력은 부인하니 이같은 자들에게서 네가 돌아서라(딤후 3:1-5).

"무릇 그리스도 예수 안에서 경건하게 살고자 하는 자는 박해를 받으리라 악한 사람들과 속이는 자들은 더욱 악하여져서 속이기도 하고 속기도 하나니"(딤후 3:12-13).

"때가 이르리니 사람이 바른 교훈을 받지 아니하며 귀가 가려워서 자기의 사욕을 따를 스승을 많이 두고 또 귀를 진리에서 돌이켜 허탄한 이야기를 따르리라"(딤후 4:3-4).

세상이 이렇게 변해가는데 교회는 어떨까?

2) 교회 상황[96]

요한계시록에 의하면, 말세에는 영적 해이와 세속화, 그리고 이단 사이비와 거짓 선지자의 문제가 교회 안에서 심각해진다. 세상의 이념과 가치관이 세상의 문화, 사상, 종교, 제도 등을 통하여 구현되는데, 말세에는 교회가 그 영향권 안에 들어간다.

말세의 교회 모습을 잘 드러내고 있는 요한계시록의 일곱 교회를 살펴본다. 주님이 일곱 교회에 보내는 편지들에서 이 말씀들이 공통적으로 나타난다: ... 사자에게 편지하라, 귀 있는 자는 성령이 교회들에게 하시는 말씀을 들을지어다, 이기는 그에게는 ....

주님은 일곱 교회들에게 칭찬과 책망을 하신다. 주님이 칭찬만 하시는 교회는 서머나 교회와 빌라델비아 교회이다. 서머나 교회에게 주님은 "내가 네 환난과 궁핍을 알거니와 실상은 네가 부요한 자니라"(계 2:9)라고 칭찬하신다. 빌라델비아 교회에게는 "내가 네 행위를 아노니 네가 작은 능력을 가지고서도 내 말을 지키며 내 이름을 배반하지 아니하였도다 ... 네가 나의 인내의 말씀을 지켰은즉 내가 또한 너를 지켜 시험의 때를 면하게 하리니"(3:8, 10)라고 칭찬하신다. 다른 교회들도 주님의 칭찬을 받을 만한 점들이 있다: 수고와 인내, 악한 자, 거짓 사도와 니골라 당을

---

96 오우성, 「요한계시록 이야기」(대한기독교서회, 2013), 79-100 참조

미워한 점(에베소); 박해 시에도 믿음을 지킨 점(버가모); 사업, 사랑, 믿음, 섬김과 인내를 하고 이단의 교훈을 받지 아니한 점(두아디라); 소수의 교인들이 온전한 행위를 한 점(사데).

그런 반면, 라오디게아 교회는 주님의 책망만 받는다:

> 내가 네 행위를 아노니 네가 차지도 아니하고 뜨겁지도 아니하도다 네가 차든지 뜨겁든지 하기를 원하노라 네가 이같이 미지근하여 뜨겁지도 아니하고 차지도 아니하니 내 입에서 너를 토하여 버리리라 네가 말하기를 나는 부자라 부요하여 부족한 것이 없다 하나 네 곤고한 것과 가련한 것과 가난한 것과 눈 먼 것과 벌거벗은 것을 알지 못하는도다(계 3:15-17).

다른 교회들도 주님의 책망을 듣는데, 책망의 주요 원인은 영적 해이와 세속화—처음 사랑을 잃었다(에베소), 죽은 교회-온전한 행위가 없다(사데), 이단 사이비—발람의 교훈, 니골라 당의 교훈(버가모), 거짓 선지자 이세벨—행음, 우상 제물(두아디라) 등이다.

3) 말세의 영적 상황[97]

말세에 나타나는 세상과 교회의 상황은 그 배후에 있는 마귀 사탄(용)의 권세 때문이다. 바울은 이것을 분명히 말하고 있다: "우리의 씨름은 혈과 육을 상대하는 것이 아니요 통치자들과 권세들과 이 어둠의 세상 주관자들과 하늘에 있는 악의 영들을 상대함이라"(엡 6:12). 이 진리를 환상과 이미지로 잘 드러내는 책이 요한계시록이다. 이 책에서 우리는 말세의 영적 상황을 살펴 볼 수 있다. 용은 바다에서 나온 짐승에게 권세를 주는데, 이 짐승은 하나님을 모독하고 성도들을 박해한다:

> 용이 짐승에게 권세를 주므로 용에게 경배하며 짐승에게 경배하여 이르되 누가 이 짐승과 같으냐 누가 능히 이와 더불어 싸우리요 하더라(계 13:4)
>
> 또 권세를 받아 성도들과 싸워 이기게 되고 각 족속과 백성과 방언과 나라를 다스리는 권세를 받으니 죽임을 당한 어린 양의 생명책에 창세 이후로 이름이 기록되지 못하고 이 땅에 사는 자들은 다 그 짐승에게 경배하리라(계 13:7-8)

이 짐승은 사탄의 권세를 받아 하나님을 대적하고 성도들을 박해하며 죽이는 제국이며 그 통치자들이다.

---

97 「요한계시록 이야기」, 137-151, 173-181 참조

내가 보매 또 다른 짐승이 땅에서 올라오니 어린 양 같이 두 뿔이 있고 용처럼 말을 하더라 그가 먼저 나온 짐승의 모든 권세를 그 앞에서 행하고 땅과 땅에 사는 자들을 처음 짐승에게 경배하게 하니 곧 죽게 되었던 상처가 나은 자니라(계 13:11-12)

땅에서 올라오는 다른 짐승은 예수께서 종말담론(막 13장)에서 예언하신 거짓 메시야이며 거짓 선지자이다. 그러나 이렇게 혼란스럽고 타락한 세상 가운데서도 믿음을 굳건히 지키는 성도들이 있다:

또 내가 보니 보라 어린 양이 시온 산에 섰고 그와 함께 십사만 사천이 서 있는데 그들의 이마에는 어린 양의 이름과 그 아버지의 이름을 쓴 것이 있더라 내가 하늘에서 나는 소리를 들으니 많은 물 소리와도 같고 큰 우렛소리와도 같은데 내가 들은 소리는 거문고 타는 자들이 그 거문고를 타는 것 같더라(계 14:1-2)

여기서는 용과 두 짐승들을 따르는 무리들과 어린 양을 따르는 무리들이 대조를 이룬다. 대조기법은 양자의 차이를 두드러지게 함으로서 분별하기 쉽게 한다.

이 세상은 용과 두 짐승들이 득세한 듯이 보이지만, 결국에는 이 타락한 세상에 대한 하나님의 심판이 내려진다. 이 심판으로 인해서 고통을 당하는 무리들과 기뻐하는 성도들이 있다:

바벨론으로 말미암아 치부한 이 상품의 상인들이 그의 고통을 무서워하여 멀리 서서 울고 애통하여 이르되 화 있도다 화 있도다 큰 성이여 세마포 옷과 자주 옷과 붉은 옷을 입고 금과 보석과 진주로 꾸민 것인데 그러한 부가 한 시간에 망하였도다 .... (계 18:15-17).

우리가 즐거워하고 크게 기뻐하며 그에게 영광을 돌리세 어린 양의 혼인 기약이 이르렀고 그의 아내가 자신을 준비하였으므로 그에게 빛나고 깨끗한 세마포 옷을 입도록 허락하셨으니 이 세마포 옷은 성도들의 옳은 행실이로다 하더라(계 19:7-8).

이 장면에서는 불타는 바벨론으로 인해서 슬퍼하는 무리들과 어린 양의 혼인잔치에 참여하여 즐거워하는 무리들이 대조를 이룬다.

4) 믿는 자의 영성

이렇게 혼란스럽고 타락한 세상에서 믿는 사람들은 어떻게 살아야 하나?

예수께서는 그의 종말 담론(막 13장)에서 제자들에게 거듭 거듭 경고하신다: "... 너희가 사람의 미혹을 받지 않도록 주의하라"(막 13:5); "너희는 스스로 조심하라 사람들이 너희를 공회에 넘겨 주겠고 ..."(막 13:9); "너희는 삼가라 내가 모든 일을 너희에게 미리 말하였노라"(막 13:23); "주의하라 깨어 있으라 그때가 언제인지 알지 못함이라"(막 13:33).

깨어 있다는 것은 고난과 심판의 때 성도들은 자신을 돌아보고 회개해야 한다는 것이다. 송 영목은 회개의 중요성을 이렇게 말한다: "교회는 승리의 영성을 위한 또 다른 조건인 '회개의 영성'을 회복해야 한다(계 2:5; 3:3, 19; 9:20). 거듭난 성도는 지속적인 회개로써 거룩을 회복하기 때

문이다(계 22:14; 참고, 요일 1:9)".[98]

사도 바울은 어려운 때일수록 성경을 배우고 확신을 가져야 한다고 말한다(딤후 3:14-17). 그는 성경을 배움으로 성경 안에 있는 진리, 의, 평안의 복음, 구원, 믿음과 하나님의 말씀으로 하나님의 전신갑주를 삼아 악한 날의 전투에서 승리해야 한다고 말한다:

> 그러므로 하나님의 전신갑주를 취하라 이는 악한 날에 너희가 능히 대적하고 모든 일을 행한 후에 서기 위함이라 그런즉 서서 진리로 너희 허리 띠를 띠고 의의 호심경을 붙이고 평안의 복음이 준비한 것으로 신을 신고 모든 것 위에 믿음의 방패를 가지고 이로써 능히 악한 자의 모든 불화살을 소멸하고 구원의 투구와 성령의 검 곧 하나님의 말씀을 가지라(엡 6:13-17).

우리는 성경에 근거한 확신 가운데서 분별과 결단, 인내와 연단을 거쳐 소망을 새롭게 해야 한다. 혼란스러운 때는 특별히 분별의 지혜가 우리에게 필요하다: "너희는 이 세대를 본받지 말고 오직 마음을 새롭게 함으로 변화를 받아 하나님의 선하시고 기뻐하시고 온전하신 뜻이 무엇인지 분별하도록 하라"(롬 12:2). 이단 사설에 빠지지 않기 위하여, 악한 자에게 미혹당하지 않기 위하여 우리는 하나님의 뜻을 분별해야 한다: "그러나 성령이 밝히 말씀하시기를 후일에 어떤 사람들이 믿음에서 떠나 미

---

98 송영목, "요한복음과 요한계시록에 나타난 영성", 「신약성경과 영성」배 재욱 편(CLC, 2019), 88-89

혹하는 영과 귀신의 가르침을 따르리라 하셨으니"(딤전 4:1). 경건의 모양은 피하고 경건의 능력을 추구해야 한다. 비록 우리에게 이 일이 어렵지만, 분별력을 가지고 좁은 문을 선택해야 한다: "좁은 문으로 들어가라 멸망으로 인도하는 문은 크고 그 길이 넓어 그리로 들어가는 자가 많고 생명으로 인도하는 문은 좁고 길이 협착하여 찾는 자가 적음이라"(마 7:13-14).

신중한 분별의 과정을 거친 후에 우리는 결단하고 실천에 옮겨야 한다. 말세에는 세상이나 세상 소유에 대한 미련이나 애착을 우리가 과감하게 청산해야 한다: "지붕위에 있는 자들은 내려가지도 말고 집에 있는 무엇을 가지려 들어가지도 말며 밭에 있는 자는 겉옷을 가지려 뒤로 돌이키지 말지어다"(막 13:15-16). 멸망하는 소돔 성에 미련을 두고 뒤를 돌아보다가 소금 기둥이 된 롯의 아내를 기억해야 한다.

분별하고 결단을 한 후 실천에 옮길 때에 우리에게 어려움과 고통이 뒤따른다. 이런 때에 우리는 바울에게서 배우는 바가 많을 것이다. 바울은 환난을 많이 겪은 사도였다. 그는 이렇게 썼다. "다만 이뿐 아니라 우리가 환난 중에도 즐거워하나니 이는 환난은 인내를, 인내는 연단을, 연단은 소망을 이루는 줄 앎이로다"(롬 5:3-4). 여기서 연단이라고 번역된 헬라어 원어는 dokime로서 연단, 시험, 증거, 입증, 인격 등의 의미를 가진다. 현대인의 성경에서 "연단된 인격"이라고 번역된 것이 그 의미를 잘 전달한다. 이 연단은 하루 이틀이나 한 달 두 달의 참음과 인내가 아니라, 이 인내가 생활화되고 체질화되어 인격과 성격이 변화된 것을 말한다. 칼빈의 일생을 살펴본 후에 나용화는 칼빈의 생애를 이렇게 요약했다: "그는 한평생 고난이라는 학교에서 인내와 순종과 헌신과 감사를 배워 내세를 묵상하는 가운데 살았던 것이다."[99]

환난을 통해서 우리의 인격과 성격이 변화될 때 소망이 생기는데, 이 소망은 성령의 역사로 이루어진다: "소망이 우리를 부끄럽게 하지 아니함은 우리에게 주신 성령으로 말미암아 하나님의 사랑이 우리 마음에 부은 바 됨이니"(롬 5:5). 바울은 고통 가운데서 가지는 이 소망에 대해서 보다 상세하게 이렇게 설명하고 있다:

> 피조물이 다 이제까지 함께 탄식하며 함께 고통을 겪고 있는 것을 우리가 아느니라 그뿐 아니라 또한 우리 곧 성령의 처음 익은 열매를 받은 우리까지도 속으로 탄식하여 양자 될 것 곧 우리 몸의 속량을 기다리느니라 우리가 소망으로 구원을 얻었으매 보이는 소망이 소망이 아니니 보는 것을 누가 바라리요 만일 우리가 보지 못하는 것을 바라면 참음으로 기다릴지니라(롬 8:22-25).

우리가 거룩한 상상과 환상을 통하여 우리에게 보여주시는 하나님 나라를 소망하면 하나님께서 우리에게 인내할 힘을 주신다. 교회당의 스테인글라스가 석양 빛에 휘황찬란하게 빛나듯이, 새 예루살렘 성은 각종 보석으로 눈부시게 빛난다: "성령으로 나를 데리고 크고 높은 산으로 올라가 하나님께로부터 하늘에서 내려오는 거룩한 성 예루살렘을 보이니 하나님의 영광이 있어 그 성의 빛이 지극히 귀한 보석같고 벽옥과 수정

---

99 「영성과 경건」(CLC, 2008), 200

같이 맑더라"(계 21:10-11). 새 하늘과 새 땅에는 하나님과 어린 양의 보좌로부터 흘러나오는 생명수의 강이 있고 강 좌우에는 열두 가지 열매를 맺는 생명나무가 있다(계 22:1-2).

이곳에는 하나님께서 함께 하셔서 "모든 눈물을 그 눈에서 닦아주시니 다시는 사망이 없고 애통하는 것이나 곡하는 것이나 아픈 것이 다시 있지 아니하리니 처음 것들이 다 지나갔음이러라"(계 21:4). 우리는 이곳에서 사망이 없는 생명을 누리고 산다: "우리가 흙에 속한 자의 형상을 입은 것 같이 또한 하늘에 속한 이의 형상을 입으리라"(고전 15:49). 예수님은 말씀이 육신이 된 분으로 부활하심으로 하늘에 속한 이의 형상을 입으셨다. 그리고 그는 우리에게 영생의 약속을 주셨다: "너희는 마음에 근심하지 말라 하나님을 믿으니 또 나를 믿으라 내 아버지 집에 거할 곳이 많도다 ...."(요 14:1-2).

II부

성경적 영성 형성 실제

1단계: 성령 이해 점검
2단계: 성령 임재의 기도와 찬양
3단계: 신앙과 삶의 점검
4단계: 말씀 선정과 해석
5단계: 성경 말씀 묵상
6단계: 묵상한 말씀 정리
7단계: 말씀을 마음에 새김
8단계: 일상생활 규율 계획
9단계: 성령의 열매 점검
10단계: 그리스도의 몸 세움

II부

성경적 영성 형성 실제

○
●

1. 성경적 영성 형성의 목적

성경적 영성 형성의 주체는 성령이십니다. 성경적 영성 형성의 목적은 예수 그리스도의 몸을 세우는 것입니다. 이를 위한 성경적 영성 형성은 성경의 진리를 구현하는 영성입니다. 성경적 영성 형성은 하나님의 말씀을 묵상함으로 성경의 진리를 깨닫고, 그것을 자신의 삶에서 실현하는 과정에서 형성되는 영성입니다.

2. 성경적 영성 형성의 과정

성경적 영성 형성 수련은 모두 3개의 과정과 10단계로 구성되어 있습니다. 성경적 영성 형성 수련의 세 과정은 정화, 조명, 연합으로 이루어집니다. 각각의 수련 과정은 독립적인 것이 아니라 서로 연결되어 있습니다. 세부적으로 보면, 정화는 1-3단계, 조명은 4-6단계, 연합은 7-10단계입니다.

과정1. 정화

우리는 자신의 내면세계를 잘 모르기 때문에 불안과 혼란을 겪을 수밖에 없습니다. 그리스도인의 삶에서 가장 기본적이며 중요한 것은 우리 자신을 살피는 것입니다. 그리스도인이 자기를 살필 수 있는 자료는 성경 말씀입니다. 우리는 하나님의 말씀으로 자기를 살필 수밖에 없습니다. 자기를 살피는 것이 내면성찰이고 자기 점검입니다. 이것이 성경적 영성 형성의 정화 과정입니다. 정화는 다음 두 가지 의미가 있습니다.

정화의 첫 번째 의미는 내 마음속의 죄성을 발견하고 회개하는 것입니다. 정화는 성령에 의해서 실현됩니다. 성령은 거룩한 분이기 때문에 먼저 우리의 마음이 정화되어야 합니다. 우리의 마음이 거칠고 굳어 있으면 생명의 말씀을 들어도 아무런 깨달음이 없습니다. 에스겔 36장 25-27절에서 정화에 대해 다음과 같이 정의하고 있습니다: "맑은 물을 너희에게 뿌려서 너희로 정결하게 하되 곧 너희 모든 더러운 것에서와 모든 우상 숭배에서 너희를 정결하게 할 것이며 또 새 영을 너희 속에 두고 새 마음을 너희에게 주되 너희 육신에서 굳은 마음을 제거하고 부드러운 마음을 줄 것이며 또 내 영을 너희 속에 두어 너희로 내 율례를 행하게 하리니 너희가 내 규례를 지켜 행할지라"

이와 같이 성경적 영성 형성의 원리는 세 가지로 요약할 수 있습니다. 먼저, 하나님께서 맑은 물을 뿌려서 우리를 정결하게 하십니다. 둘째는 하나님께서 그의 말씀을 성령으로 우리 마음에 새겨 두십니다. 셋째는 성령께서 우리의 굳은 마음을 제거하시고 부드러운 마음을 주어 기록된 하나님의 법을 실천하게 하십니다.

정화의 두 번째 의미는 자기부인을 통해 새로운 자기 모습을 발견하는 것입니다. 예수님의 십자가와 부활은 복음의 핵심 진리입니다. 십자가와 부활의 영성이란, 자기부인을 통한 새로운 자기 자신의 모습을 발견하는 것입니다. 예수께서도 십자가의 고통 가운데서 이렇게 부르짖었습니다: "… 엘리 엘리 라마 사박다니 하시니 이를 번역하면 나의 하나님, 나의 하나님 어찌하여 나를 버리셨나이까 하는 뜻이라"(마가복음 15장 34절).

우리는 고통 때문에 자기부인을 두려워합니다. 그러나 우리는 자기 자신을 깊이 살피고, 자기 속에 있는 약함과 죄성을 좀 더 깊이 있게 깨닫고, 자기부인의 고통을 이겨나가는 훈련을 해야 합니다. 자기부인의 고통은 예수 그리스도 안에서 새 생명의 소망을 가짐으로 감당할 수 있습니다. 이러한 과정은 우리가 예수 그리스도와 연합함으로 부활의 능력을 갖는 단계에까지 이르게 됩니다. 예수 그리스도의 영성은 부활을 강조합니다. 예수께서는 자신의 죽음을 예고하면서 반드시 다시 살 것이라는 부활의 소망을 말하고 있습니다. 그 이유는 부활의 소망이 약한 것을 강하게 하기 때문입니다.

이처럼, 성경적 영성 형성의 정화 과정은 자신을 깊이 살피고, 자기 자신의 죄성과 약함을 깨달아서 고통 중에서도 이겨나가는 훈련입니다. 성경적 영성 형성의 핵심은 옛사람이 죽고 영광의 생명이 탄생하도록 하는 것입니다.

과정2. 조명

조명은 말 그대로 무언가를 비추는 것입니다. 조명은 캄캄한 바다를 밝히는 등대처럼 어둠 속에 있는 삶을 환하게 비추는 과정입니다. 등대의 불빛은 칠흙같이 어두운 밤바다를 환히 밝혀, 선박의 길을 알리고 암초를 피하게 돕습니다. 인생의 시간이 캄캄한 어둠을 지나고 있을 때, 우리는 삶의 참된 의미와 멀어져 많은 문제와 부딪히고, 외로움의 고통을 느끼는 등 앞으로 나아갈 바를 알지 못합니다. 이렇게 어두운 밤바다같은 삶의 시간을 환히 밝혀주는 과정이 조명입니다. 사람은 조명을 통해서 어두웠던 자신의 삶 속에서 새로운 삶의 의미와 기쁨을 찾아낼 수 있습니다. 마치 등대가 그러한 것처럼 말입니다.

조명은 성령의 감동으로 영적을 눈을 떠서, 말씀 속 진리를 깨닫고 이에 감동을 받는 것입니다. 종교개혁자 칼뱅(J. Calvin)은 '성령의 내적조명'이라는 용어를 사용하였습니다. 칼뱅은 "오직 하나님 자신만이 자신의 말씀에 고유한 증거자가 되시기 때문에, 이 말씀들은 성령의 내적 조명에 의해서 각인이 되기 전까지는 사람들의 마음속에 완전한 의미를 나타내지 않는다."[100]고 합니다. 그에 의하면, 성령께서 사람의 내면세계를 조명

---

100 J. Calvin, *Institutes of the Christian Religion* ed. J. T. McNeill tr. F. L. Battles (Philadelphia: Westminster Press, 1960) I, VII, 4.

해주면 그 사람은 내면의 눈 혹은 영적인 눈을 뜨게 되어 성경의 의미와 성경의 세계를 명확히 볼 수 있습니다. 그러므로 조명은 성령께서 성경 말씀을 통해 진리를 깨닫게 하는 것입니다. 이때 영적인 눈으로 발견한 것이 자신의 삶을 새롭게 비출 때 삶에 새로운 의미를 발견하게 됩니다. 따라서 성령을 모르는 사람이 성경에 기록된 것을 이해하지 못하는 것은 당연한 것입니다. 그 반대로 성령의 인도함을 받는 사람은 성경의 의미를 밝히 읽어낼 수 있습니다. 이것은 "우리 신앙의 확신한 근거를 이성, 판단, 추측이 아니라 그 이상의 곳에서 찾아야 한다는 것을 말합니다. 즉, 신앙의 근거를 성령의 은밀한 증언에서 찾아야 한다"[101]는 것입니다.

성경 말씀은 하나님의 감동으로 기록된 것입니다. 그러므로 말씀 묵상은 성령의 조명으로 하나님의 진리를 깨닫고 감동을 느끼는 것입니다. 성경은 하나님의 진리의 책이기 때문에 성령의 조명에 의해 그 진리를 분명하게 깨달아야 합니다.

성령 조명의 효과는 마음 평안과 기쁨입니다. 우리가 성령의 조명으로 하나님의 진리를 깨닫고 성령의 감동을 느낄 때, 말할 수 없는 기쁨이 충만해집니다. 우리가 하나님의 감동을 느낄 때, 에스겔이 예언한 것처럼, 우리 마음의 굳은 것이 제거되고 마음이 부드러워집니다. 이것은 성령께서 우리의 정서적 영역에서 사역하신다는 것을 의미합니다. 그래서 말씀 묵상은 성령의 조명을 통한 성령의 감동과 하나님의 진리로 초대하는 것이라 할 수 있습니다. 성령의 감동으로 눈이 열리게 되면, 성경 말씀에서 놀라운 것들을 많이 발견할 수 있습니다.

---

101 Ibid.

성령의 조명 과정에서 이루어야 할 것은 세 가지입니다. 첫째는 온전한 말씀 묵상입니다. 둘째는, 성령의 감동입니다. 셋째는 말씀의 온전한 의미와 진리를 깨닫는 것입니다. 성령께서 우리 마음에 조명한 성경 말씀은 갑자기 새로운 깨달음으로 다가오게 됩니다. 이전에는 평범한 말씀, 익히 알고 있는 말씀도 성령께서 조명하시면 전혀 새로운 의미로 느껴집니다. 그리고 그 뒤에 성령께서 역사하는 정서적 반응이 일어납니다. 이 정서적 반응은 내 마음에 평안과 기쁨이 찾아오는 것입니다.

과정3. 연합

성경적 영성의 마지막 과정은 연합하는 것입니다. 성경적 영성은 정화와 조명의 과정을 통해 얻은 새 영으로 마음의 변화를 받아 계명을 지켜 예수 그리스도와 교회 공동체와 연합을 통해 형성되는 것입니다.

우리가 예수 그리스도를 통해 배우는 영성은 십자가와 부활입니다. 십자가와 부활의 영성은 십자가 안에서 자기부인을 배우고, 자기부인을 통해서 새로운 자기 자신을 발견하고, 이 과정을 통해 예수 그리스도와 연합해 나가는 훈련입니다. 연합은 하나가 되는 것입니다. 연합의 개념은 신과 같은 존재가 되는 것이 아닙니다. 연합은 주님의 계명을 지켜 부활하신 주님과의 친밀한 교통이 이루어지고, 주님이 주시는 기쁨을 누리기 위한 과정입니다. 이렇게 되기 위해서는 성령의 도움이 필요합니다.

성경적 영성은 성령의 중재적 사역으로 기도와 말씀을 통하여 그리스도와 연합함으로, 옛 사람이 죽고 구원을 받아 그리스도의 형상을 이루어 가는 과정에서 형성되는 것입니다. 이것은 성령을 따라 살면서 예수 그리스도의 영성을 본받는 것입니다. 성경적 영성은 그리스도 안에서 새롭게 창조되고 회복되는 재창조의 과정이며, 그리스도의 형상을 덧입어 새로운 피조물이 되는 것입니다: “그런즉 누구든지 그리스도 안에 있으면 새로운 피조물이라 이전 것은 지나갔으니 보라 새 것이 되었도다”(고린도후서 5:17).

마음의 변화는 굳은 마음을 제거하고 부드러운 마음을 가지는 것입니다. 예수님의 씨뿌리는 비유(마태복음 13장 3-9절)에 의하면, 굳은 마음은 돌밭이나 가시떨기 밭입니다. 부드러운 마음은 좋은 밭입니다. 굳은 마음이 좋은 밭으로 되기 위해서는 성령님과의 친밀한 관계가 필요합니다.

성경적 영성을 형성하는 방법은 끊임없이 성령과 깊은 관계를 맺는 것입니다. 이는 성령에 따라 사는 삶을 통해 형성될 수 있습니다. 성령을 따라 사는 삶은 내주하는 성령을 통하여 성자와 성부 하나님과 교통하며 사는 삶을 의미합니다. 그래서 성령을 따라 사는 삶에서 열리는 열매가 성령의 열매입니다. 성령의 열매는 성자와 성부 하나님의 열매이기도 합니다. 베드로는 이 열매를 신성한 성품, 곧 신의 성품(divine nature)에 참여하는 것으로 보았습니다. 그러므로 성령의 열매는 성령 안에서 사는 삶으로, 예수님의 성품이 나의 인격이 되는 것입니다. 곧 성령의 열매는 그리스도인이 갖추야 할 인성 곧 그리스도인의 성품입니다.

신의 성품에서 가장 먼저 나오는 것이 믿음입니다. 믿음은 신적 성품의 시작이요 기초입니다. 따라서 그리스도인의 성품은 믿음의 반석 위에 형성되어야 합니다. 신의 성품은 믿음에만 머물러 있지 않고 성숙되어야 합니다. 신의 성품에서는 가장 먼저 덕을 쌓는 것이 중요합니다. 이 덕은 자기 자신의 유익보다는 먼저 공동체의 화평을 이루는 것입니다. 그래서 성숙한 신앙은 자신의 삶에서 하나님을 경외하고, 이웃을 향해서는 샤론의 꽃 예수를 아름답게 피어나게 하는 것입니다. 그 꽃의 향기를 통해 가족 간의 화평과 사랑을 이루고, 모든 사람을 긍휼히 여기는 사랑의 마음을 가질 때, 그때 비로소 신의 성품이 온전히 이루어집니다.

신의 성품에 참여하는 비결이 있습니다. 예수님은 신의 성품에 참여하는 비결을 포도나무 비유로 가르쳐주었습니다. “나는 포도나무요 너희는 가지라 그가 내 안에 내가 그 안에 거하면 사람이 열매를 많이 맺나니 나를 떠나서는 너희가 아무 것도 할 수 없음이라”(요한복음 15장 5절). 이같이 신의 성품에 참여하는 비결은 예수님과 연합하는 것입니다. 우리가 예수님 안에 있어야 하고, 예수님이 우리 안에 있어야 합니다. 우리는 성령의 도움으로 성자와 성부 하나님과의 끊임없이 관계를 맺어야 합니다. 이렇게 할 때 옛 성품이 신의 성품으로 변화하게 됩니다. 이 신의 성품은 인간관계의 변화를 가져옵니다. 인간관계가 개선되면 주위 사람과의 관계가 개선되고 새로운 삶을 살아갈 수 있습니다. 이것은 성령께서 주시는 놀라운 축복입니다.

성경적 영성은 내적인 성품의 변화뿐 아니라 예수 그리스도의 몸을 세우는 것으로도 나타납니다. 성경적 영성은 개인적인 측면과 함께 같은 신앙을 고백하는 공동체와 연합하는 영성이어야 합니다. 그래서 성경적 영성 형성은 ‘혼자’와 ‘함께’가 조화를 이루어야 합니다.

사도바울은 연합하는 방법을 다음과 같이 알려주고 있습니다. “믿음이 강한 자는 믿음이 약한 자를 업신여기지 말고 믿음이 약한 자는 믿음이 강한 자를 비판하지 말아야 한다”고 하였습니다(로마서 14장 1-2절). 이같이 그리스도인들은 서로 간에 배려가 중요합니다. 왜냐하면 우리는 예수 그리스도 안에서 서로 필요한 존재이기 때문입니다.

4. 성경적 영성 형성 과정 및 내용

이상과 같은 목적을 가지고 본 성경적 영성 형성의 수련 과정 및 단계를 모두 3과정과 10단계로 구성하였습니다. 3과정은 정화, 조명, 연합으로 구성되어 있다. 성경적 영성 형성 수련 과정의 과정, 단계 및 내용은 아래의 〈표1〉과 같습니다.

과정	단계	내용
정화	1	성령 이해 점검
	2	성령 임재의 기도와 찬양
	3	신앙과 삶의 점검
조명	4	말씀 선정과 해석
	5	성경 말씀 묵상
	6	묵상한 말씀 정리
	7	말씀을 마음에 새김
연합	8	일상 생활 규율 계획
	9	성령의 열매 점검
	10	그리스도의 몸 세움

표1 성경적 영성 형성 수련 과정 및 내용

5. 성경적 영성 형성 수련 방법

성경적 영성 형성 수련에서 미리 알아야 할 것은 다음과 같습니다. 첫째는 성령의 새로운 이해입니다. 둘째는 성령의 친밀한 체험입니다. 셋째는 성령의 내주하심을 통한 점진적인 인격의 변화를 이루는 것입니다. 성경적 영성 형성의 수련 단계는 잠정적이며, 실험적인 것으로 장기간의 실습과 훈련을 통하여 보완되고 수정되어야 할 것입니다.

성경적 영성 형성 수련은 성령과 예수 그리스도의 협동사역으로 이루어집니다. 그래서 성경적 영성 형성 수련은 성령 임재의 기도로 시작해서 예수 그리스도의 몸 세우기로 마무리됩니다. 성경적 영성 형성 수련에서 유의할 점은, 영성 수련을 성급하게 진행하려고 하지 않아야 합니다. 성경적 영성 수련은 충분한 시간적 여유와 마음의 여유를 가지고 진행하여야 합니다.

이렇게 하기 위해서는 먼저, 조용한 시간과 공간을 찾아야 합니다. 영성 수련 시간은 각자의 형편과 상황에 따라 새벽시간이나 밤늦게 할 수도 있습니다. 영성 수련 시간은 개인의 생활 습관에 따라 다르겠지만 최소한 20분 이상의 시간을 할애해야 합니다. 그러면서 차츰 수련 시간을 늘려가야 합니다. 영성 수련 시간에는 자세를 바로 하고, 호흡을 조절하여 마음을 편안하게 하여야 합니다. 왜냐하면 이렇게 함으로 성경말씀에 집중할 수 있는 마음의 준비를 할 수 있기 때문입니다. 성경적 영성은 개인적이고 비공개적인 수련이기 때문에 다른 사람을 의식하지 말고, 혼자 주님 앞에서 진솔하게 하도록 하여야 합니다.

1단계 성령 이해 점검

1. 성경 말씀

// 말씀읽기: 고린도전서 6장 19절, 고린도후서 3장 17절

// 관련성구: 사도행전 2장 1-4절, 요한복음 14장 16-17

2. 도움의 글

우리는 성령의 능력과 은사가 '충만'해야 하지만, 이와 함께 인격적인 성령님과 '친밀'한 관계를 가져야 합니다. 이러한 관계 안에서, 성령은 우리 인격의 인지적, 정서적, 의지적인 측면을 변화시킵니다. 우리는 성령의 임재하심과 사역을 통해 하나님과 예수님과 교통할 수 있습니다.

성경적 영성에서는 성령께서 영성 수련의 주체가 되기 때문에 성령의 새로운 이해가 매우 중요합니다. 성경적 영성 형성 수련에서 유의할 점은 가장 먼저 자신의 성령에 대한 이해와 고정 관념을 점검해 보아야 합니다. 우리는 대체로 성령을 능력과 은사와 관련시켜서 이해하는 경향이 있습니다. 그러나 성령은 본질적으로 인격적인 분입니다. 성령의 능력과 은

사가 성령의 인격성과 분리될 때, 능력과 은사의 오용과 남용의 문제가 생기게 됩니다. 그러므로 그리스도인의 과제 중 하나는 성령의 정체성과 사역을 바로 이해하는 것입니다.

성령의 사역은 외적 사역과 내적 사역으로 구분해 볼 수 있습니다. 성령의 외적 사역은 사도행전에서 나타난 것과 같은 말씀 선포, 치유, 기적, 축귀 등의 사역입니다. 그런데 우리는 성령의 능력을 흔히 방언, 치유, 축사 등의 지극히 제한적인 은사들에 초점을 맞추고 있습니다. 이러한 성령의 외적 체험만을 강조한다면 인격적인 성령으로부터 멀어지는 결과를 초래하게 됩니다. 그래서 성령의 사역에 대한 이해는 성경의 가르침과 건전한 신학과 조화를 이루어야 합니다. 성령의 사역은 외적인 영역뿐 아니라 다른 광범위한 영역에서도 일어납니다. 특히 성령의 내적 사역은 믿는 사람들의 심령 속에 거주하면서 내면의 변화를 주도합니다.

여기서는 성경적 영성과 관련해서 신약 성경의 성령관을 간략하게 살펴보고자 합니다. 여기서 다루는 성령론은 신학적 성령론이라기보다는 성경적 영성과의 관계에서 살펴본 성령이해입니다. 신약성경에서 성령에 대한 이해는 세 가지로 살펴볼 수 있습니다. 누가의 성령 이해, 바울의 성령이해, 요한의 성령이해입니다. 즉, 신약 성경의 저자에 따라서 성령을 체험한 관점이 서로 다르게 나타난다는 것입니다.

누가는 성령의 외적인 사역과 능력에 초점을 맞추었습니다. 누가가 본 성령의 사역은 성령의 역동적인 힘에 초점이 맞추어져 있습니다. 누가의 성령이해는 주로 사도행전에서 나타납니다. 사도행전에서는 성령께서 사도들과 제자들에게 능력으로 임재하셔서 선교사역을 역동적으로 확장해 나가게 합니다. 성령의 능력을 입은 사도들과 제자들은 곳곳에 교회들을 개척했습니다. 이때 성령은 복음을 전하는 자들에게 불같이, 바람같이 강력하게 임하였습니다.

성령의 내적 사역은 바울 서신과 요한 문헌에서 주로 묘사되어 있습니다. 성령의 내적 사역은 그리스도인의 내면의 변화와 관련이 되는 사역입니다. 바울서신을 보면 성령은 하나님께서 "자기를 사랑하는 자들을 위하여 예비하신 모든 것"을 우리에게 나타내 보이시는 분입니다(고린도전서 2장 9f절). 성령은 모든 것 곧 하나님의 깊은 것이라도 통달하시는 분입니다(고린도전서 2장 10절). 또한 성령은 우리의 내면에 있는 깊은 것을 살피고 아실 수 있는 분입니다. 심지어 성령은 하나님의 깊은 것조차도 살피시는 분입니다. 성령은 사람의 깊은 속까지도 살피고 아시는 분이십니다. 그래서 성경적 영성 형성을 위해서는 성령의 인도하심과 도우심이 필요합니다.

성령은 사람의 내면세계를 깊이 통찰하기 때문에 그 사람이 느끼는 고통을 함께 느끼시는 분이십니다. 사실 성령은 그 사람이 느끼지 못하고 있는 것조차도 느낄 수 있습니다. 우리가 몸 담고 있는 이 세상이 타락하고 왜곡되어 그 속에서 괴로워하고 탄식하지만 그것을 깊이 느끼지는 못합니다. 성령의 감동을 입은 바울은 이 내면의 고통을 이렇게 표현합니다. "오호라 나는 곤고한 사람이로다. 이 사망의 몸에서 누가 나를 건져내랴?"(로마서 7장 24절). 이러한 절망감과 깊은 고뇌는 기독교인이나 비기독교인이나 하나님의 영이 내재하지 않을 때 겪는 공통된 경험입니다.

성경적 영성에서 주체가 되는 성령이해는 이제까지의 사도행전의 성령이해에서 바울과 요한의 성령이해로 그 중심이 옮아가야 할 때입니다. 성령임재라고 하면, 우리가 제일 먼저 떠올리는 장면은 사도행전 2장 1-4절의 오순절 성령 임재 사건일 것입니다. 이때 성령은 불같이, 바람같이 강력하게 임하였습니다. 그러나 성령은 항시 불같이, 바람같이 임하시는 것은 아닙니다.

우리가 잘 아는대로, 예수께서 세례받으실 때 성령은 비둘기같이 조용하게 임하였습니다(마태복음 3장 16절). 이와 같이 성령은 물질이나 에너지와 같은 비인격적인 존재가 아니라 친히 우리의 마음을 아시고 개개인을 인도하시고 임재하시는 인격적인 분입니다. 성령께서 우리 가운데 임하시면 우리의 왜곡된 심성이 변화되어 회복이 일어나기 시작할 것입니다.

3. 영성 수련

수련1) 성령 이해도 점검

자신의 성령이해를 살펴보기 위해서, 아래의 성령에 관한 질문지를 작성해 보면 도움이 될 것입니다. 성령에 관한 질문지는 개인적인 성령이해를 개략적으로 살펴보기 위해서 만들어졌습니다. 이 질문지 작성은 개인적이면서 비공개적으로 하여, 자신의 성령이해를 깊이 살펴보도록 합니다. 이 질문지는 총 25개 질문으로 구성되어 있습니다. 질문지의 구성은 성령의 본성, 성령의 사역, 성령의 은사와 열매, 성령체험, 성령과의 교제를 묻는 질문입니다.

우리는 자신의 성령에 대한 이해도가 어느 정도인지 살펴보는 것이 필요합니다. 자신의 성령에 대한 이해도는 '성령에 대한 이해 질문'을 통해서 점검해 볼 수 있습니다. 이 질문지는 개인적이면서 비공개적인 것입니다. 그러므로 우리는 이 질문지를 작성할 때 있는 그대로 진솔하게 체크를 하면 도움이 될 것입니다. '성령에 대한 이해 질문지'를 읽고 해당되는 곳에 체크합니다.

성령에 관한 질문지

	내용	전혀 아니다	대체로 아니다	대체로 그렇다	매우 그렇다
		1	2	3	4
1	나는 성령이 계심을 믿는다.				
2	나는 성령이 인격체임이 믿기지 않는다.				
3	나는 성령에 대해 깊이 생각해 본 적이 없다.				
4	나는 성령이 하시는 일을 안다.				
5	나는 성자와 성령의 관계를 잘 모른다.				
6	나는 예수 그리스도만으로 족하다고 생각한다.				
7	나는 성령에 관해서 설교를 통해 듣는다.				
8	나는 성령의 주제로 다른 교인들과 대화한다.				
9	나는 성령이 내 안에 계심을 느낀다.				
10	나는 성령 체험을 잘 이해한다.				

	내용	전혀 아니다	대체로 아니다	대체로 그렇다	매우 그렇다
		1	2	3	4
11	나는 성령 체험을 통해 믿음의 확신을 가지게 되었다.				
12	나는 성령 체험을 통해 성경말씀의 능력을 알게 되었다.				
13	나는 일상생활에서 성령님과 교제를 한다.				
14	나는 성령이 오심을 위해서 기도한다.				
15	나는 일상의 삶에서 성령의 인도를 느낀다.				
16	나는 성령 안에서 점진적 변화(새로움, 거룩함)를 느낀다.				
17	나는 성령의 은사를 받고 활용한다.				
18	나는 성령의 열매를 사모하고 기다린다.				
19	나는 성경을 읽을 때 성령의 조명을 느낀다.				
20	나는 성령의 감동으로 기도한다.				
21	나는 성령의 감동으로 찬양한다.				
22	나는 성령의 감화로 애통하고 회개한다.				
23	나는 성령으로 인해서 나의 죄악된 생각에 대해 고민한다.				
24	나는 성령 안에서 나를 돌아본다.				
25	나는 성령으로 성경말씀을 오랫동안 기억한다.				

표 3 성령에 관한 질문지

(2) '성령에 관한 질문지'를 통해 자신의 성령 이해도 점수를 계산한다.

성령에 관한 질문지 구성

구성 내용	번호
성령의 본성	1, 2, 3, 5, 6, 7
성령의 사역	4, 15, 19, 20, 21, 22, 25
성령의 은사와 열매	6, 17, 18
성령체험	9, 10, 11, 12, 23, 24
성령과의 교제	8, 13, 14

표 2 성령에 관한 질문지 구성

= 이 질문들의 점수 계산 방법은 다음과 같습니다.

① '전혀 아니다'는 1점, '대체로 아니다'는 2점, '대체로 그렇다'는 3점, '매우 그렇다'는 4점으로 배점합니다.

② 2, 3, 5, 6번의 질문은 역으로 점수가 주어집니다.
'전혀 아니다'는 4점, '대체로 아니다'는 3점, '대체로 그렇다'는 2점, '매우 그렇다'는 1점으로 배점합니다.

③ ①과 ②을 합친 점수가 자신의 성령에 대한 이해도 점수입니다.

(3) 나 자신의 '성령 이해도의 점수'는 몇 점입니까? (　　　　　　)점

수련2) 마음 속에 느끼는 성령

내 마음에 성령은 어떤 분으로 느껴집니까? '성령에 관한 질문지'에서 나타난 자신의 성령에 대한 이해에 대해서 이야기합니다.

내가 알고 있는 성령님은 어떤 분입니까? 잠시 지금까지 내가 알고 있는 성령님에 대해서 생각해 보십시오. 이때 나의 마음에 떠오르는 느낌은 무엇입니까? 나의 마음에 떠오르는 느낌을 감지하십시오. 그냥 그 느낌을 없애려고 하지 말고, 있는 그대로 느껴 보십시오. 이것이 내가 알고 있는 성령님입니다. 지금-현재 성령님에 대해서 내 마음에 떠오르는 생각이나 느낌을 기록해 보세요.

....

....

....

....

....

....

....

....

....

....

....

수련3) 오늘의 영성 수련을 통한 깨달음을 기도문으로 작성

2단계 성령 임재의 기도와 찬양

1. 성경 말씀

// 말씀읽기: 에스겔 36장 26절, 에베소서 1장 17-19절

// 관련성구: 잠언 1장 23절; 18장 14절, 요한복음 14장 26절, 요한복음 16장 13-14절, 에베소서 6장 18절

2. 도움의 글

영성 수련의 주체는 성령님이십니다. 영성 수련의 주체가 우리 자신이 될 수 없습니다. 영성 수련이 자기 자신의 공로가 되면 하나님과의 바른 관계가 어려워질 뿐 아니라 교만으로 이어지게 됩니다. 영성 수련이 성령의 능력으로 이루어질 때 하나님을 찬양하고 경배하게 됩니다. 그 반면 영성 수련이 자기의 능력으로 이루어질 때 피곤해지고 보상을 기대하게 됩니다. 성경적 영성은 스스로 영성을 연마하는 것이 아니라 성령의 인도하심으로 하나님과 사람과 자연과 바른 관계를 맺는 것입니다.

성경적 영성 수련은 성령의 임재로 시작합니다. 성령의 임재를 위해서

는 기도가 필요합니다. 기도가 신앙생활에서 기본이듯이, 성경적 영성 형성에서도 기도는 기본으로 전제되어 있습니다. 그래서 성경적 영성수련은 성령 임재 기도로 시작합니다. 성령 임재의 기도에 정해진 공식은 없습니다. 정교회 수도원의 수사들은 '예수 기도'라는 기도문으로 기도합니다. 예수 기도는 "주 예수여 나를 불쌍히 여기소서", "주 예수여 이 죄인을 불쌍히 여기소서"라는 짤막한 기도문입니다. 수도사들은 "주 예수여 이 죄인을 불쌍히 여기소서", "주 예수여 나를 불쌍히 여기소서"라는 짧은 기도를 반복해서 했다고 합니다. 이렇게 짧은 형식의 기도는 언제, 어디서나 쉽게 기도할 수 있다는 유익이 있습니다.

이러한 기도는 자신이 죄인임을 인정하고, 자기를 부인하면서 주님 앞에 겸손히 낮아지는 것입니다. '예수 기도'는 주님께서 나의 죄를 용서해 주시기를 바라면서 점점 더 주님께 집중하여 나아가는 것입니다. 이런 짤막한 기도를 반복해서 할 때 주님과의 친밀한 관계를 형성하게 되는 것입니다. 반복해서 이런 기도를 할 때 유익한 결과를 가져올 수 있습니다.

이와같이 성령 임재를 위한 기도도 짤막하게 반복해서 할 수 있을 것입니다. 성령 임재를 위한 기도 또한 다음과 같이 "성령님이여 오시옵소서", "성령님이여, 오셔서 영안을 열어 주소서", "성령님이여 임재하셔서 나의 영안을 열어 주소서"라고 짧은 성령 임재의 기도를 반복해서 할 수 있습니다.

무엇보다 우리가 성령 임재를 위한 기도를 할 때, 간절하고 진실한 마음과 진실한 태도가 중요합니다. 예수께서 말씀하셨습니다: "너희가 악할지라도 좋은 것을 자식에게 줄줄 알거든 하물며 너희 하늘 아버지께서 구하는 자에게 성령을 주시지 않겠느냐"(누가복음 11장 13절). 하나님은 자녀를 사랑하는 부모들처럼 이미 우리 필요를 알고 계십니다. 하나님은 우리의 죄를 진실한 마음으로 고백하고, 필요한 것을 간절히 간구할 때 주신다는 말씀입니다. 예수님의 이 말씀은 에스겔의 예언과 관련이 있습니다: "또 새 영을 너희 속에 두고 새 마음을 너희에게 주되 너희 육신에서 굳은 마음을 제거하고 부드러운 마음을 줄 것이며"(에스겔 36장 26절).

성령 임재의 기도는 인격적인 성령께서 친히 우리와 함께 하시도록 간구하는 기도입니다. 성령께서는 항시 불같이, 바람같이, 극적으로 강력하게 임재하시는 것은 아닙니다. 성령은 우리의 일상적인 삶과 정상적인 의식 속에서도 역사하십니다. 요한복음에서 성령은 헬라어로 '파라클레토스'(parakletos)로 표현되어 있습니다. 이 성령은 '보혜사, 대언자, 위로자, 상담자, 도우시는 이' 등의 의미입니다. 그러나 그 근본적인 의미는 '부르심에 따라 우리 곁에 오시는 이'라는 의미입니다. 따라서 성령 임재의 기도는 파라클레토스 성령이 우리 곁에 오셔서 우리의 삶과 신앙의 주체가 되시고, 성경의 진리를 깨닫게 해주시기를 간구하는 것입니다.

우리는 성령 임재를 위해 기도하는 중에 마음에 떠오르는 찬송을 하면서 자신을 돌아보는 시간을 준비합니다. 특히, 우리가 진리를 깨닫고 그 진리의 감동을 유지하기 위해서는 찬송이 효과적입니다. 성령의 임재와 관련된 찬송가를 기억하여 늘 부르는 습관이 중요합니다.

3. 영성 수련

수련1) 성령 임재하심을 위한 마음 준비

1. 예수님의 자비하심을 간구합니다.

1) '예수 기도'를 반복해서 읊조리면서 기도합니다. 기도할 때 두 손을 무릎 위에 놓습니다. 손바닥은 하늘을 향해 있도록 합니다. 자! 이제 눈을 감고 자신의 귀에 들릴 수 있도록 조용히 '예수 기도문'을 반복해서 읊조리면서 간구합니다. 마음의 울림이 있을 때까지 지속적으로 합니다.

"주 예수여 나를 불쌍히 여기소서"

"주 예수여 이 죄인을 불쌍히 여기소서"

이렇게 계속 읊조리면서 기도할 때, 주님은 나의 굳은 마음을 제거하시고 부드러운 마음을 주실 것입니다. 가만히 주님의 음성을 기다립니다.

....

....

....

....

2) 이때 내 마음에 느껴지는 것은 무엇입니까?

수련2) 성령 임재하심을 위한 간구

1. 당신은 평소 일상생활에서 성령의 임재하심을 위해 기도합니까?

1) 성령의 임재하심을 위해 기도한다면 언제, 어디서 합니까?

2) 성령의 임재하심을 위한 기도의 내용은 무엇입니까?

....

....

....

2. 성령의 임재하심을 간구하는 기도를 합니다.

1) 에베소서 1장 17-19절의 바울의 기도에서 '너희'를 '나'로 바꾸어 기도해 봅시다.

> "우리 주 예수 그리스도의 하나님, 영광의 아버지께서 지혜와 계시의 영을 너희에게 주사 하나님을 알게 하시고 너희 마음의 눈을 밝히사 그의 부르심의 소망이 무엇이며, 성도 안에서 그 기업의 영광의 풍성함이 무엇이며, 그의 힘의 위력으로 역사하심을 따라 믿는 우리에게 베푸신 능력의 지극히 크심이 어떠한 것을 너희가 알게 하시기를 구하노라"

“우리 주 예수 그리스도의 하나님, 영광의 아버지께서 지혜와 계시의 영을 **너희**에게 주사 하나님을 알게 하시고 **너희** 마음의 눈을 밝히사 그의 부르심의 소망이 무엇이며, 성도 안에서 그 기업의 영광의 풍성함이 무엇이며, 그의 힘의 위력으로 역사하심을 따라 믿는 우리에게 베푸신 능력의 지극히 크심이 어떠한 것을 **너희**로 알게 하시기를 구하노라”	“우리 주 예수 그리스도의 하나님, 영광의 아버지께서 지혜와 계시의 영을 **나**에게 주사 하나님을 알게 하시고 **내** 마음의 눈을 밝히사 그의 부르심의 소망이 무엇이며, 성도 안에서 그 기업의 영광의 풍성함이 무엇이며, 그의 힘의 위력으로 역사하심을 따라 믿는 우리에게 베푸신 능력의 지극히 크심이 어떠한 것을 **나**로 알게 하시기를 구하노라”

2) ‘성령의 임재하심 기도’를 반복해서 읊조리면서 간구합니다. 기도할 때 두 손을 무릎 위에 놓습니다. 손바닥은 하늘을 향하도록 합니다. 자! 이제 눈을 감고 자신의 귀에 들릴 수 있도록 조용히 ‘성령의 임재하심 기도’을 반복해서 읊조리면서 간구합니다.

“성령님이여, 오시옵소서”
“성령님이여, 강림하사 나의 영안을 열어주소서”
“성령님이여, 오셔서 나의 영적인 눈을 열어주소서”

3) 조용히 성령님의 임재하심을 기다립니다. 마음에 울림이 있을 때까지 계속합니다.

4) 이때 내 마음에 느껴지는 것이 무엇입니까?

....

....

....

수련3) 성령 임재하심을 위한 찬양의 시간

1. 성령 임재를 위한 찬양을 합니다.

(찬송가 187장 비둘기같이 온유한, 190장 성령이여 강림하사, 186장 영화로신 주 성령)

우리는 '비둘기같이 온유한(찬송가 187장 1절)' 찬송을 부르면서 성령님의 임재를 위해 기도합니다. 찬송을 부를 때 눈을 감고, 손바닥은 하늘을 향하여 무릎에 놓고 천천히 찬양을 합니다. 찬양은 마음에 울림이 올 때까지 반복해서 천천히 부릅니다.

"비둘기같이 온유한 은혜의 성령 오셔서
거친 맘 어루만지사 위로와 평화 주소서"

....

....

....

2. 성령의 임재하심의 찬양을 하면서 또 내 마음에 떠오르는 찬양이 있습니까? 있다면 그 찬양은 무엇입니까?

3. 그 찬양을 부를 수 있나요? (찬양의 가사를 생각하면서 부르는 시간을 갖는다. 찬양의 가사가 기억나지 않으면 악보를 보면서 해도 좋다.) **찬양을 할 때, 내 마음의 느낌대로 반복해서 하면 더욱 유익합니다.**

4. 찬양을 하면서 내 마음에 떠오르는 것이 무엇입니까?

(찬양을 통해 성령님의 임재하심을 느끼고, 자기 자신을 돌아보는 시간을 가진다.)

수련4) 잠잠히 성령 임재하심을 기다림

성령 임재를 위해 하나님께 간구한 뒤 성령의 임재를 기다리는 시간을 가집니다. 이때 두 눈을 감고, 손바닥을 하늘로 향하게 하여, 무릎 위에 올려놓은 자세를 하면 더욱 유익합니다. 잠잠히 하나님만을 바라보는 시간을 가집니다.

....

....

....

수련5) 오늘의 영성 수련을 통한 깨달음을 기도문으로 작성

....

....

....

....

....

....

....

....

....

3단계 신앙과 삶의 점검

1. 성경 말씀

// 말씀읽기: 시편 139:23-24,

// 관련성구: 고린도전서 2:10-12, 잠언 20:27 에스겔 36:25

2. 도움의 글

우리가 성령의 능력으로 속사람이 변화되기 위해서는 자기 자신을 살피는 것이 중요합니다. 사실 영성 수련의 출발은 내면성찰에서 시작된다고 할 수 있습니다. 그래서 우리는 다른 사람을 판단하기 이전에 나의 속사람이 그리스도를 닮았는지 먼저 살펴보아야 합니다. 우리는 다른 사람을 판단하고자 하는 마음을 중지하려고 노력하여야 합니다. 예수께서는 산상수훈에서 바로 이것을 가르쳤습니다:

> 비판을 받지 아니하려거든 비판하지 말라 너희가 비판하는 그 비판으로 너희가 비판을 받을 것이요 너희가 헤아

리는 그 헤아림으로 너희가 헤아림을 받을 것이니라(마태복음 7장 1-2절).

내면성찰은 크게 양심성찰과 인식성찰로 이루어져 있습니다. 양심성찰은 죄의 고백과 참회를 목적으로 하고 있습니다. 우리는 성령을 통해 자기를 가장 잘 알 수 있습니다. 우리는 자신이나 타인의 눈을 통해 자기를 정확하게 알기 어렵습니다. 우리는 성령의 도움으로 내면의 죄성을 깨달아야 합니다. 우리가 자신의 죄성을 깨닫지 못하면 잘못된 내면성찰입니다.

인식성찰은 하나님과 자신을 새롭게 인식하는 것입니다. 인식성찰은 자신의 죄를 깨닫고 회개하는 차원에서 더 나아가 폭넓은 자기성찰을 의미합니다. 우리가 자신의 내면을 성찰할 때 매일 일어나는 여러 사건과 인간관계 속에서 자신의 마음 상태에 귀를 기울여야 합니다. 우리는 이 과정을 통해 자신의 선한 마음과 악한 마음 모두를 성찰해 보아야 합니다.

그러나 자기 자신을 성찰하는 것이 쉽지 않습니다. 그 이유는 우리의 일상적 신앙생활에서 내면을 살피시는 성령님과의 내적 교류가 빈약하기 때문입니다. AD 1세기 그리스도인들은 성령의 임재하심과 성령과의 교제를 잘 인식할 수 있었습니다. 신약성경의 초대교회는 성령의 직접적인 인도로 세워지고 유지 발전되었습니다. 그러나 이와 대조적으로 21세기 교회는 제도적인 교회와 조직으로 구성되어 있습니다. 지금 우리는 제도적인 교회와 조직 안에서 신앙생활을 하고 있습니다. 그래서 복음의 본질이 희석되거나 변질될 위험이 늘 뒤따릅니다.

그리스도인은 자기 자신의 내면을 성찰함으로 하나님의 형상을 회복할 수 있습니다. 그리스도인은 내면성찰의 훈련으로 자신의 겉모습을 보기보다 먼저 속사람을 들여다보아야 합니다. 이렇게 함으로 우리는 하나님과 새로운 만남을 갖게 됩니다. 하나님과의 참 만남은 삶의 새로운 변화를 체험하게 되는 것입니다.

> "너희 안에서 행하시는 이는 하나님이시니 자기의 기쁘신 뜻을 위하여 너희에게 소원을 두고 행하게 하시나니"(빌립보서 2장 13절).

내면성찰은 묵상할 말씀을 정하는 데 필요한 전 단계입니다. 내면성찰을 통하여 자기자신에게 진정으로 필요한 말씀이 무엇인지를 알아내야 합니다. 내면성찰을 위한 좋은 성경 말씀은 예수님의 산상수훈입니다. 예수님의 산상수훈 중에서도 특히 마태복음 5장 21절 - 7장 15절까지의 말씀입니다. 또한 바울의 갈라디아서 5장 19-21절 말씀입니다. 여기서 우리는 자신의 삶을 말씀에 비추어 성찰해 볼 수 있습니다. 우리는 위의 두 말씀을 중심으로 다음과 같은 방식으로 내면성찰을 할 수 있습니다.

첫째, 내면성찰은 일상생활을 점검하게 합니다. 우리는 예수의 산상수훈을 통해 진정한 영성 생활(구제, 기도, 금식, 헌금 등)이 무엇인지를 알 수 있습니다.

둘째, 내면성찰은 육체의 일을 점검하게 합니다. 우리는 자신의 육체의 일을 갈라디아서 5장 19-21절 말씀에 비추어 점검해 볼 수 있습니다. 이것은 자신의 죄와 허물을 살피는 양심성찰에 해당합니다. 우리는 여러 가지 시련과 어려움을 통해서 자기 자신을 바로 볼 수 있는 기회를 가지게 됩니다. 시련은 자신의 약점과 악함이 무엇인지를 드러냅니다.

셋째, 내면성찰은 믿음과 삶을 전체적으로 살펴보게 합니다. 우리는 이것을 위해 '영적 안녕감 척도'[102]의 검사도구로 점검할 수 있습니다. 이것은 우리 자신의 삶 전체를 주님의 은혜와 구원의 은총에 비추어 살펴보는 인식성찰에 해당합니다. 이 성찰에서 자신의 삶을 회고하고 주님의 손길을 깨닫는 것이 중요합니다.

이같이 내면성찰은 자신의 신앙과 삶을 점검하는 것입니다. 예수께서는 "네 속에 있는 빛이 어둡지 아니한가 보라"고 하였습니다(누가복음 11장 35절). 이 빛은 말씀 안에 있는 생명입니다: "그(말씀) 안에 생명이 있었으니 이 생명은 사람들의 빛이라"(요한복음 1장 4절). 마음에 있는 빛이 어둡다는 것은 생각과 느낌, 행동이 모두 어둡다는 것을 뜻합니다. 사도 바울도 우리 스스로가 믿음을 점검해야 한다고 하였습니다: "너희는 믿음 안에 있는가 너희 자신을 시험하고 너희 자신을 확증하라 예수 그리스도께서 너희 안에 계신 줄을 너희가 스스로 알지 못하느냐 그렇지 않으면 너희는 버림 받은 자니라."(고린도후서 13장 5절)

102 영적 안녕감은 파루우치온(Paluoutzion)과 엘리슨(Ellison, 1982)이 개발한 척도를 박지아, 유성경(2003)이 번역하고 수정하여 개발된 검사도구이다. 파루우치온Paluoutzion과 엘리슨Ellison의 영적 안녕감 척도는 주관적인 영적 안녕 상태를 측정하기 위한 것으로, 신과의 관계에서 느끼는 종교적 영적 안녕감(religious spiritual well-being)과 인간의 삶에 대한 만족감 및 삶의 의미와 목적에 초점을 둔 실존적 영적 안녕감(existential spiritual well-being)을 측정하는 두 개의 하위척도로 구성되어 있다.

3. 영성 수련

수련1) 믿음성찰

1. 믿음을 스스로 점검해 봅니다.

1) (나 자신의 믿음에 대해서 스스로 질문해 봅니다.) 나는 믿음 안에 있습니까?

예수께서는 "네 속에 있는 빛이 어둡지 아니한가 보라"고 하셨습니다(누가복음 11장 35절). 이 빛은 말씀 안에 있는 생명입니다: "그(말씀) 안에 생명이 있었으니 이 생명은 사람들의 빛이라"(요한복음 1장 4절). 우리 마음에 있는 빛이 어둡다는 것은 모든 생각과 느낌 그리고 행동이 어둡다는 것을 뜻합니다. 사도 바울은 우리 스스로가 이것을 깨달아야 한다고 하였습니다: "너희는 믿음 안에 있는가 너희 자신을 시험하고 너희 자신을 확증하라 예수 그리스도께서 너희 안에 계신 줄을 너희가 스스로 알지 못하느냐 그렇지 않으면 너희는 버림 받은 자니라"(고린도후서 13장 5절).

---

2) (믿음 안에 있다면) 평소 내가 믿음 안에 있다는 것을 무엇으로 확증할 수 있습니까?

....

....

....

....

3) 내가 믿음 안에 있다면 나의 믿음을 고백해 봅니다. 내가 믿음 안에 있음을 어떻게 느끼고 있습니까? 나는 무엇을 통해 내가 믿음 안에 있음을 알고 있습니까?

....

....

....

....

....

수련2) 양심성찰

1) 우리는 자기 속에 죄성이 있음을 늘 깨달아야 합니다. 우리는 성령을 통해 나 자신을 가장 잘 알 수 있습니다. 성령은 우리의 본성

깊은 곳까지 통찰하시는 분이십니다. 성령은 우리 자신을 깊이 알고 깨닫게 해 주십니다. 자! 이제 성령의 도움으로 나의 심령을 살펴봅시다. 이제 두 눈을 감고 성령을 통해 나의 깊은 내면에 있는 죄성을 들여다봅니다.

....

....

2) 성령을 통해 성찰한 나의 죄성을 기록해 봅니다.

....

....

....

3) 이때 나의 마음에 떠오르는 것이 무엇입니까? 어떤 마음과 생각이 떠오릅니까? 그것을 가만히 느껴 보세요. 그리고 내 마음에 떠오르는 것을 표현해 보세요.

....

....

....

....

수련3) 인식성찰

1) 우리는 매일 만나는 여러 사건과 인간관계 속에서 나 자신의 마음 상태에 귀를 기울여야 합니다. 이때 우리는 나의 선한 마음과 악한 마음을 통찰해 봅니다.

- 내 마음에 떠오르는 선한 마음은 무엇입니까? 그 마음을 기록합니다.

....

....

....

....

....

- 내 마음에 떠오르는 악한 마음은 무엇입니까? 그 마음을 기록합니다.

....

....

....

....

....

2) 내 속에 죄성이 있음을 통찰하였을 때 어떤 생각과 느낌이 떠오릅니까? 그 생각과 느낌을 가만히 들여다보면 좋겠습니다. 그것을 고백해 보면 좋겠습니다.

....

....

....

3) 그렇습니다. 우리는 믿음으로 거룩하게 되어도 내 속에 늘 죄성이 있음을 깨달아야 합니다.

....

....

....

수련4) 영적 안녕감 성찰

1) 아래의 질문지는 영적 안녕감을 점검할 수 있는 도구입니다. 다음의 문항들은 영적 안녕감에 대한 당신의 생각을 알아보기 위한 것입니다. 당신이 느끼고 생각하고 있는 상태와 가장 비슷하다고 생각되는 숫자에 O 표를 해주세요.

영적 안녕감

	문 항	그렇지 않다	대체로 그렇지 않다	보통 이다	대체로 그렇다	매우 그렇다
		1	2	3	4	5
1	나는 하나님께 기도해서 그다지 큰 만족을 얻지 못한다.	1	2	3	4	5
2	나는 내가 누구인지 어디서 왔는지 혹은 어디로 가고 있는지 모른다.	1	2	3	4	5
3	나는 하나님이 나를 사랑하고 돌보아주신다고 믿는다.	1	2	3	4	5
4	나는 살아가는 것이 좋은 경험이라고 믿는다.	1	2	3	4	5
5	나는 하나님이 나의 일상생활에 대해 관심이 없다고 느낀다.	1	2	3	4	5
6	나는 나의 장래가 안정되어 있지 않다고 느낀다.	1	2	3	4	5
7	나와 하나님은 서로를 소중하고 중요하게 생각한다.	1	2	3	4	5
8	나는 열심히 살고 있고, 그것에 대해 만족스럽다고 느낀다.	1	2	3	4	5
9	나는 하나님으로부터 힘과 칭찬을 많이 얻지 못한다.	1	2	3	4	5
10	나는 살아가는 것이 행복하다.	1	2	3	4	5

	문 항	그렇지 않다	대체로 그렇지 않다	보통 이다	대체로 그렇다	매우 그렇다
		1	**2**	**3**	**4**	**5**
11	나는 하나님이 나의 문제에 대하여 관심을 가지고 있다고 믿는다.	1	2	3	4	5
12	나는 살아가는 것이 별로 즐겁지 않다.	1	2	3	4	5
13	하나님과 만족스러운 관계를 가지고 있지 않다.	1	2	3	4	5
14	나는 나의 장래를 좋게 본다.	1	2	3	4	5
15	내 곁에는 하나님이 있어서 외롭지 않다.	1	2	3	4	5
16	나는 고민이 많고 불행하다고 느낀다.	1	2	3	4	5
17	나는 하나님과 가깝게 지낼 때 가장 만족스럽게 느낀다.	1	2	3	4	5
18	산다는 것은 내게 많은 의미를 준다.	1	2	3	4	5
19	나는 하나님과 관계를 맺을 때 행복하다.	1	2	3	4	5
20	나는 살아가는 것에 어떤 참 목적이 있다고 믿는다.	1	2	3	4	5

영적 안녕감 질문지는 총 20문항으로 구성되어 있습니다. 이 질문지의 각 문항의 배점은 '매우 그렇다'는 5점, '대체로 그렇다'는 4점, '보통이다'는 3점, '대체로 그렇지 않다'는 2점, '그렇지 않다'는 1점입니다. 총 점수는 최하 20점에서 최고 100점이며, 점수가 높을수록 영적 안녕감이 높음을 의미합니다.

구성내용	문항	문항수
코이노니아	1, 3, 5*, 7, 9, 11*, 13, 15, 17, 19	10
케리그마	2*, 4, 6*, 8, 10, 12, 14, 16, 18, 20	10

주의 사항_ 숫자 뒤 *는 역채점 문항으로 전환 후, 합산이 필요합니다.

(예로, 5점은 1점으로 합산, 4점은 2점으로, 3점은 3점으로, 2점은 1점으로, 1점은 5점으로)

3) 당신의 영적 안녕감 점수는 얼마입니까? 당신은 자신의 영적 안녕감에 대해 어떻게 생각합니까?

수련5) 오늘의 영성 수련을 통한 깨달음을 기도문으로 작성

4단계 말씀 선정과 해석

1. 성경 말씀

// 말씀 읽기: 디모데후서 3장 14-17절

// 관련 성구: 시편 119편 27절, 누가복음 11장 35-36절, 베드로전서 1장 10-11절

2. 도움의 글

성경적 영성은 예수 그리스도의 영성을 모형으로 성령의 인도하심으로 형성되는 것입니다. 성경적 영성은 성경 말씀을 묵상하고 그 묵상한 말씀에 근거해서 자신의 삶을 성찰함으로 형성됩니다. 따라서 성경적 영성은 하나님의 말씀과 삶의 변화라는 두 측면이 통합됨으로 형성되는 것입니다. 우리는 성령의 능력 안에서 말씀을 묵상함으로 하나님의 인도하심과 만남을 갖게 될 것입니다.

묵상은 성경 말씀을 이해하고 삶에 그 말씀을 적용할 목적으로 기도하는 마음으로 깊이 생각하는 것입니다. 묵상의 목적은 말씀과 믿음이

마음에 깊이 새겨지게 하여 우리의 삶을 하나님의 뜻에 순종시키는 것입니다.

성경 말씀 묵상은 하나님과의 만남과 삶의 변화를 가능하게 하는 확실한 통로입니다. 말씀 묵상은 우리의 전인적 건강에 유익합니다. 성경적 영성 형성에서는 성경 말씀 묵상을 중심으로 이루어집니다.

성경 묵상은 교회에서나, 공동체에서나, 소그룹에서도 행해집니다. 그러나 우리의 인격적인 변화를 위해서는 개인적인 말씀 묵상이 중요합니다. 묵상은 우리의 인지적인 영역에서 더 나아가 정서적 영역과 의지적 영역으로 확대하는 것입니다. 이처럼 말씀 묵상은 성경 말씀을 머리로 이해하는 차원을 넘어 마음으로 느끼고 삶에서 행하는 것입니다.

따라서 이 단계에서는 묵상하고 싶은 말씀을 선정하는 것입니다. 사실 성령 임재하심을 위한 기도와 찬양 그리고 자신의 내면을 성찰하다 보면, 여러 말씀 중에서 좀 더 깊이 묵상하고 싶은 말씀이 생각납니다. 즉, 자신이 더 묵상하고 싶은 말씀을 선정합니다. 우리가 묵상하고 싶은 성경 말씀을 선정하게 되는 것은 다소 신비스러운 일입니다. 그러나 예수님께서 말씀하셨듯이, 성령께서는 우리에게 성경 말씀을 기억나게 하고 생각나게 하도록 도우십니다. "보혜사 곧 아버지께서 내 이름으로 보내실 성령 그가 너희에게 모든 것을 가르치고 내가 너희에게 말한 모든 것을 생각나게 하리"(요한복음 14장 26절). 왜냐하면 성경 말씀은 하나님의 감동으로 기록된 것이기 때문입니다.

말씀 묵상의 범위는 자유롭게 정하면 됩니다. 묵상의 범위는 짧게는 한 구절이나, 길게는 한 단락이 되어도 좋습니다. 성경에는 수많은 이야기와 시, 노래, 편지로 구성된 말씀들이 있습니다. 이 수많은 성경 말씀 중에서, 성령님께서 내 마음에 떠오르게 하는 말씀을 선정하면 됩니다.

혹 자신이 성경에 익숙하지 않다면, 성경 말씀과 관련된 〈성구 사전〉, 〈심방성구모음집〉 등의 자료들을 활용할 수 있습니다. 찬송가의 부록으로 되어 있는 심방성구모음집을 보면 유용한 말씀 묵상의 자료들을 얻을 수 있습니다. 심방성구 모음집은 목회자의 심방과 신자들의 전도를 위해서 고안된 것입니다. 그래서 이곳에서 소개하고 있는 대부분의 성구는 짧은 구절로 되어 있습니다. 그 이유는 짧은 시간의 심방 시 성경 구절의 정보를 적절하게 활용할 수 있도록 하기 위함입니다. 그러나 이 성구들 중에는 다소 긴 이야기도 포함되어 있습니다. 그리고 심방성구 모음집에는 사람들이 겪는 각종 문제 상황들이 상세하게 열거되어 있고, 그 문제 상황에 적합한 성경 말씀을 수록하고 있습니다.[103] 우리가 묵상할 성경 말씀을 선정할 때 성구 사전이나 심방성구 모음집 등을 참조할 수 있습니다.

---

103 오우성 박민수, 성경 이야기 상담(서울: 시그마프레스, 2014), 178.

3. 영성 수련

수련1) 말씀 묵상 태도

1) 성경 말씀이 권위를 갖는 참된 근거는 무엇이라고 생각합니까? 이 질문에 대해 나의 생각을 진지하게 이야기해 봅니다.

....

....

....

....

....

....

2) 왜 나에게 성경 말씀이 필요합니까? 이 질문에 대해 나의 생각을 진지하게 이야기해 봅니다.

....

....

....

....

....

수련2) 성경 말씀 선정

1) (성경에 익숙한 사람) 묵상하고 싶은 말씀을 선정합니다.

"성령의 임재하심의 기도와 찬양을 통해, 성령님께서 나의 마음에 기억나게 하고 생각나게 하는 성경 말씀이 있습니까? 있다면 그 말씀은 무엇입니까?"

....

....

....

....

....

2) (성경에 익숙하지 않은 사람) 묵상하고 싶은 말씀 선정합니다.

우리는 성령의 임재하심 기도와 찬양을 통해 마음에 성경의 인물, 사건, 배경, 메시지, 주제가 개별적으로 떠오를 수 있습니다. 이때 우리는 〈주제별 성경〉, 〈성구 사전〉, 〈성경 사전〉, 〈성경 인명사전〉 등의 도움을 받을 수 있습니다.

---

① 성령께서 생각나게 하는 주제를 찾습니다.

"성령의 임재하심을 통해 성령님께서 나의 마음에 기억나게 하고 생각나게 하는 주제(성경의 인물, 사건, 배경, 메시지)가 있습니까? 있다면 그것은 무엇입니까?"

② 주제(성경의 인물, 사건, 배경, 메시지)와 관련된 성경 말씀을 찾습니다.

"성령의 임재하심을 통해 성령님께서 나의 마음에 기억나게 하고 생각나게 하는 주제(성경의 인물, 사건, 배경, 메시지)를 찾는 데 도움을 받을 수 있는 참고 서적이나 자료는 있습니까?" 있다면 찾아 보시기 바랍니다.

수련3) 선정한 말씀 해석

선정한 말씀 해석은 말씀 묵상을 위한 사전준비 단계입니다. 우리가 성경 말씀을 통해 풍성한 은혜를 체험하기 위해서는 선정한 말씀에 대한 사전 지식이 있으면 도움이 됩니다.

먼저 성경 해석을 위해 도움이 되는 것은 성경의 역본을 두 권 구하는 것이 필요합니다. 성경의 두 역본으로 말씀을 연구하는 것이 도움이 됩니다. 또한 성경 말씀을 효과적으로 이해하기 위해서는 성경 연구를 위해 참고할 수 있는 책들도 필요합니다.

그 책들은 〈성구 사전〉, 〈심방성구모음집〉, 〈주제별 성경〉, 〈성경 사전〉 등이 있습니다. 그 외에도 자신의 필요에 따라 참고 서적들이 준비되면 좋습니다. 그러나 꼭 기억해야 할 것은 성경 해석의 대상은 성경 자체라는 것입니다. 다른 책들은 성경 말씀 속에 있는 풍성한 진리를 이해하는 데 보조적인 도구에 불과합니다.

1) 현재 나에게 성경 해석을 위해 도움을 받을 수 있는 자료들이 있습니까? 만약 있다면 그 자료들을 적어 보십시오.

....

....

....

....

다른 참고 서적을 구입할 계획이 있다면 적어 보십시오.

....

....

....

2) 성경 해석을 위한 성경 연구 방법을 선정합니다.

(선정한 묵상할 성경 말씀의 해석을 위한 자신에게 가장 적합한 성경 연구 방법을 선정합니다. 성경 해석을 위한 성경연구 방법은 다양하지만

여기서는 네 가지 성경 연구 방법을 간략하게 소개합니다. 성경 연구 방법은 권별 성경 연구[104], 장별 성경 연구, 주제별 성경 연구, 인물별 성경 연구 등이 있습니다.)

(나에게 가장 적합한 성경 연구 방법을 선택합니다). 위의 네 가지 성경 연구 방법 중 어떤 방법에 가장 흥미가 끌립니까?

....

....

....

그 방법을 선택한 이유는 무엇입까?

....

....

....

3) 선정한 성경 말씀을 연구하고 해석한 결과 내가 기대하는 바는 무엇입니까? 곧, 하나님께서 나에게 깨닫게 하신 것과 나의 반응은 무엇입니까?

(선정한 성경 말씀을 해석하면서 나에게 주신 하나님의 말씀을 기록

---

104 권별 성경 연구: 성경은 66권으로 되어 있습니다. 그러나 66권의 성경은 사람을 구원하려는 하나님의 구원 계획이라는 하나의 통일된 주제 아래 성경의 각 권마다 다른 방법으로 묘사되어 있습니다. 우리가 성경을 권별로 연구할 때에는 각 권을 하나의 주제와 연관된 한 부부분으로 생각하고 읽어야 합니다.

할 것을 권합니다. 이렇게 하면 보다 깊이 있는 해석이 될 뿐 아니라 그 말씀을 통해 하나님께서 나에게 말씀하신 것과 말씀에 대한 나의 반응에 대한 기록들이 남게 될 것입니다.)

수련4) 오늘의 영성 수련을 통한 깨달음을 기도문으로 작성

5단계 성경 말씀 묵상

1. 성경 말씀

// 말씀 읽기: 시편 1편 1-2절

// 관련 성구: 시편 119편 15-18절, 97절, 99절, 103절

// 찬송 하기: 찬송가 200장 달고 오묘한 그 말씀

2. 도움의 글

묵상의 대상인 성경은 일반적인 책이 아닙니다. 성경 말씀은 하나님의 감동으로 된 것입니다. 성령께서는 성령의 말씀을 통해서 우리를 진리로 인도하십니다. 그러므로 말씀 묵상은 성령의 조명으로 말씀을 통해서 하나님의 진리를 깨닫고 감동을 느끼는 것입니다.

성경적 영성은 성경 말씀을 묵상하고 그 묵상한 말씀을 근거해서 우리 삶을 성찰함으로 형성됩니다. 그래서 성경적 영성은 하나님의 말씀과 삶의 변화라는 두 측면이 통합됨으로 형성되는 것입니다. 성경 묵상은 하나님과의 만남과 삶의 변화를 가능하게 하는 확실한 통로입니다.

말씀 묵상은 성경공부와 다릅니다. 성경공부는 성경에 대한 체계적인 지식을 추구하는 것입니다. 성경에 대한 지식은 우리의 믿음을 견고하게 합니다. 예수 그리스도를 아는 지식과 믿음이 하나가 되어 우리의 믿음을 흔들리지 않게 합니다. 그러나 성경공부는 성경공부 그 자체로 끝나서는 안 됩니다. 성경공부는 반드시 말씀 묵상으로 이어져야 합니다. 왜냐하면 성경공부는 성경 본문의 역사적, 문학적, 신학적 의미를 찾는 데 중점을 두는 반면, 말씀 묵상은 성경 말씀의 영적인 의미를 찾고 그것을 내 삶에 적용하는 것을 목적으로 하기 때문입니다.

묵상은 단순히 성경 말씀을 연구하는 것을 넘어 말씀과 나의 삶과의 관계를 깊이 생각함으로, 하나님의 감동을 내 마음속에 심고 뿌리내리는 영적 수련입니다. 그래서 말씀 묵상은 성경 말씀에 집중, 몰두, 전념하는 훈련이라고 할 수 있습니다. 생각이 깊지 못하면 깨달음이 적습니다. 깨달음이 적으면 혼돈과 무의미로 고통을 당하게 됩니다.

묵상은 말씀을 나의 삶 속에 개별화하고 내면화하여 적용하는 것입니다. 개별화한다는 것은 말씀으로 철저히 나 자신을 살피는 것입니다. 내면화한다는 것은 말씀으로 자신의 내적이며 영적인 상태를 살피는 것입니다. 성경 말씀이 각자의 삶에 개별적으로, 내면적으로 역사할 수 있게 하기 위해서는 성령의 조명을 받아야 합니다. 즉 성경 말씀이 나에게 어떤 의미가 있는지를 성령의 인도하심으로 살펴야 합니다.

사실 우리는 스스로 자기 자신을 살펴보기가 어렵습니다. 또한 다른 사람이 나를 살펴보고 조언할 때 그것을 받아들이기도 쉽지 않습니다. 우리는 하나님의 말씀을 가지고 자신을 살필 수밖에 없습니다. 이처럼 말씀 묵상은 성경 말씀을 이해하고 자신의 삶에 적용할 목적으로 기도하는 마음으로 깊이 생각하는 것입니다. 묵상의 목적은 하나님의 말씀을 마음속에 깊이 뿌리내리게 하여 나의 삶을 하나님의 뜻에 순종시키는 것입니다.

말씀 묵상은 교회나 성경공부 모임에서도 행해집니다. 그러나 자신의 인격변화를 위해서는 개인적인 말씀 묵상이 중요합니다. 인격은 지, 정, 의로 구성되어 있습니다. 성경공부는 성경 말씀을 인지적인 영역을 다루는 반면, 말씀 묵상은 성경말씀을 인지적인 영역에서 더 나아가 정서적 영역과 의지적 영역까지도 다룹니다. 묵상은 성경 말씀을 머리로 이해하는 차원을 넘어 마음으로 느끼고 행하는 것입니다.

성령께서 조명하시면 평범한 말씀, 혹은 우리가 익히 잘 알고 있는 말씀도 갑자기 새로운 깨달음으로 다가오게 됩니다. 그 깨달음 뒤에 나의 정서적 반응이 일어나게 됩니다. 이 정서적 반응은 깊은 평안과 기쁨이 찾아오는 것입니다. 사실 이 정서적 반응은 인지적 깨달음과 불가분의 관계에 있습니다. 로마서 7장 14-25절 말씀에 의하면, 바울은 율법과 죄의 문제로 심한 갈등을 겪다가 한 법을 깨닫게 됩니다: "그러므로 내가 한 법을 깨달았노니 곧 선을 행하기 원하는 나에게 악이 함께 있는 것이로다"(로마서 7장 21절). 그리고 그는 이 내면의 법에 얽매여서 고뇌하는 자신과 그 고뇌에서 자신을 건져주신 하나님과 예수 그리스도에 대한 감사의 마음을 강렬하게 표현하고 있습니다: "오호라 나는 곤고한 사람이로다 이 사망의 몸에서 누가 나를 건져내랴 우리 주 예수 그리스도로 말미암아 하나님께 감사하리로다 ...."(로마서 7장 24-25절).

우리는 성령께서 조명하신 말씀을 깊이 묵상하고 기도하면서 자신을 성찰할 수 있는 기회를 놓치지 말아야 합니다. 찬(S. Chann)의 글입니다. "말씀을 읽고 묵상하지 않으면 열매를 맺을 수 없고, 묵상은 하지만 읽지 않으면 위험하고, 기도 없이 읽고 묵상하면 해롭다."

말씀 묵상은 말씀 안의 생명, 지혜와 지식, 능력을 찾고 삼위일체 하나님을 체험하는 과정입니다. 성령은 우리의 깊은 속을 아시는 분입니다. 따라서 성령의 조명은 성령의 내적 증거나 설득을 통해서 우리에게 말씀의 진리에 대한 확신을 줍니다. 이로 인해 말씀은 효력을 가지고 능력의 근원이 됩니다. 유의할 점은, 성령 체험이라고 해서 반드시 특이하고 신비스러운 체험을 말하는 것은 아닙니다. 성령체험은 성경말씀을 깊이 묵상하는 가운데 새로운 깨달음을 가지는 것이 중요합니다. 묵상 말씀이나 주제를 기도 제목으로 정하고, 관련되거나 연상되는 찬송가를 찾아서 자주 부릅니다. 그래서 성경 말씀, 기도와 찬송이 서로 연합할 때 묵상하기가 쉽습니다.

3. 영성 수련

수련1) 성경 말씀을 문학 형식의 방법으로 묵상

자신이 선정한 말씀을 세 가지 문학 형식 중 어느 것인지 확인합니다. 성경은 주로 서사, 시, 서신의 문학 형식으로 되어 있습니다. 자신이 선정한 말씀이 서사적 본문은 이야기로, 시적 본문은 시로, 서신은 편지로써 읽고 묵상하는 방법입니다.

1) 내가 선정한 말씀이 위의 세 가지 문학 형식 중 어느 형식입니까? 그것을 찾아봅니다.

....

....

....

2) 자신이 선정한 말씀을 세 가지 문학 형식에 해당하는 방법으로 묵상합니다.

(서사 형식의 본문은 이야기로 읽고 묵상하는 방법입니다. 성경에는 이야기체로 쓰여진 책들이 많습니다. 구약성경에는 창세기와 출애굽기를 위시하여 역사서들이 이야기체로 기록되었으며, 신약성경에는 복음서, 사도행전과 요한계시록이 이야기체로 되어 있습니다. 이야기는 쉽고 재미있기 때문에 성경 저자들이 이 형식으로 하나님의 말씀을 전하였습니다. 이야기에는 등장인물, 사건, 배경과 플롯이 있습니다. 우리는 자신을 성경 이야기 속에 등장하는 어떤 인물이라 가정하고 이야기를 읽고 묵상할 수 있습니다. 그리고 내가 겪은 삶의 사건을 통하여 성경 이야기를 자신의 체험으로 읽고 묵상할 수 있습니다. 성경 이야기의 배경을 상상하면서 성경 이야기를 읽고 묵상할 수 있고, 성경 이야기의 전체 플롯(plot)을 마음에 새기면서 성경 이야기를 묵상할 수 있습니다.

시가 형식의 본문은 말씀을 시로 읽고 묵상하면서 깨달은 진리를 기도로 주님께 아뢰고 찬양하면 은혜가 될 것입니다.

서신 형식의 본문은 편지의 발신자와 수신자의 역사적 정황을 이해하면서 읽어야 합니다. 서신서를 읽고 묵상할 때는 거리가 멀어 쉽게 만날 수 없는 사람들에게 구원의 진리를 편지로 전하는 그 간절한 심령을 느끼면서 읽고 묵상하면 새로운 체험을 할 수 있을 것입니다. 이와 같은 방법으로 말씀을 묵상하면서 우리는 성경본문의 깊은 의미를 깨달을 수 있게 됩니다.)

....

....

....

....

....

수련2) 말씀 묵상 준비 및 묵상 과정

1) 나에게 적합한 말씀 묵상 방식을 선정합니다.

아래의 글을 읽고 자신에게 가장 적합한 말씀 묵상 방식을 찾습니다. 자신에게 가장 적합하다고 생각하는 묵상 방식은 무엇입니까?

(히브리인들은 성경을 읊조리는 방식으로 묵상했다고 합니다. 이 방식 외에도 말씀 묵상은 다양한 형태로 할 수 있습니다. 예를 들면 자신에게 적합한 새벽이나 늦은 밤의 조용한 시간에 묵상하든지, 시간을 정하여 학습하면서 묵상하든지, 또는 길과 숲속을 산책하면서 묵상할 수도 있습니다. 이와 같이 말씀을 묵상하는 방식은 개인에 따라서 다양한 형태로 할 수 있습니다. 중요한 것은 개인적으로 자신에게 가장 적합한 방법으로 성경 말씀을 묵상하는 것입니다.)

....

....

....

2) 말씀 묵상을 위해 순비합니나.

묵상 방법 : 묵상 시간은 20분부터 시작하여 점차 늘려갈 수 있습니다. 말씀을 묵상하면서 순간순간 깨달은 것들을 메모해 두는 습관을 가지면 유익합니다.

---

(1) 조용한 장소와 시간을 선정합니다.

“먼저 해야 할 일은 내가 말씀을 묵상할 수 있는 조용한 시간과 장소를 선정합니다.”

① 묵상할 수 있는 조용한 시간을 정함

개인적으로 말씀을 묵상할 수 있는 조용한 시간은 언제입니까? 말씀을 묵상할 수 있는 조용한 시간을 정해봅시다.

② 묵상할 수 있는 조용한 장소를 정함

개인적으로 말씀을 묵상할 수 있는 조용한 장소는 어디입니까? 말씀을 묵상할 수 있는 조용하면서 일정한 장소를 찾아봅시다.

2) 메모할 수 있는 도구를 준비합니다.

말씀 묵상을 메모할 수 있는 노트와 필기구 등을 준비합니다.

3) 말씀 묵상을 세 과정으로 합니다.

성경 말씀 묵상은 세 과정으로 할 수 있습니다. 말씀 묵상의 과정은 말씀을 읊조리면서 묵상하고, 기도하면서 묵상하고, 메모하면서 묵상합니다.

과정1. 작은 소리로 읊조리면서 묵상합니다.

말씀을 묵상할 때 작은 소리로 읊조립니다. 작은 소리로 말씀을 읊조린다는 것은 히브리인들의 독특한 성경 묵상 방법입니다. 히브리인들의 묵상은 토론과 비판 없이 말씀을 낮은 목소리로 읊조리며 자신의 귀로 말씀을 듣고 순종하는 것입니다: "사람이 귀를 돌려 율법을 듣지 아니하면 그의 기도도 가증한 것이니라"(잠언 28장 9절). 그들은 성경 말씀을 리듬이나 가락을 넣어 작은 소리로 외우면서 그 말씀을 깊이 음미하고 되새겼습니다. 그들은 이렇게 함으로 그 말씀을 마음에 새기고 깊은 뜻을 헤아렸습니다. 자! 이제 내가 선정한 말씀을 작은 소리로 읊조리면서 묵상합니다. 말씀을 묵상할 때 음율을 넣어서 해 봅니다.

....

....

....

우리가 말씀을 묵상한다고 해서 쉽게 말씀의 깊은 뜻을 찾을 수 있는 것은 아닙니다. 묵상에는 인내와 수련의 시간이 필요합니다. 처음에는 20분부터 시작해서 묵상 시간을 점점 늘려가는 것이 바람직합니다.

과정2. 기도하면서 묵상합니다.

말씀을 읽을 때, 성령의 도우심으로 말씀을 이해할 수 있는 능력을 주시도록 간구합니다. 성경은 하나님의 감동으로 기록되었기 때문에 성령의 도우심으로 그 뜻을 이해할 수 있습니다.

과정3. 메모하면서 묵상합니다.

성경 말씀을 묵상할 때 나의 마음에 와닿는 말씀이나 구절에 밑줄을 그으면서 다시 주의 깊게 묵상합니다. 말씀을 묵상하면서 깨달아지는 것을 메모해 보십시오. 말씀을 묵상하면서 순간순간 깨달은 것들을 메모해 두는 습관을 가지면 유익합니다. 그 깨달음을 메모할 때 진리뿐 아니라 정서적 반응과 감동 그리고 느낌도 기록하면 도움이 됩니다.

깨달은 진리

……………………………………………………………………………………

……………………………………………………………………………………

……………………………………………………………………………………

정서적 반응

……………………………………………………………………………………

……………………………………………………………………………………

……………………………………………………………………………………

마음의 감동

……………………………………………………………………………………

……………………………………………………………………………………

……………………………………………………………………………………

4) 말씀 묵상은 성령의 감동을 느낄 때까지 반복해서 합니다.

묵상은 말씀을 음미하고 되새김을 하는 것입니다. 그러면 우리는 이런 질문을 할 수 있습니다. '말씀 묵상을 어디까지 해야 하는가?' 말씀 묵상을 어디까지 해야 한다는 분명한 선은 없습니다. 그것은 개인에 따라서 다를 수 있습니다. 그러나 말씀 묵상은 우리가 말씀 안에서 의와 평강과 희락을 느낄 때까지 하는 것이 바람직합니다. 말씀 묵상을 간단하게 한두 번 하고 그만하는 것이 아닙니다. 우리가 성령의 조명을 받아 말씀의 깊은 의미를 깨닫게 되면 평강과 기쁨이 찾아옵니다. 그리고 깨달은 진리로 자신을 비추어 보면 자신의 죄와 우둔함을 깨닫게 됩니다. 우리는 말씀을 통해서 자신이 죄인임을 깨닫고 구원의 은총을 감사하게 됩니다. 이 감사의 마음으로 자신을 성찰하고, 점검하고, 반성하고, 회개할 때 우리 자신이 살고 주님의 축복을 받게 됩니다.

수련3) 오늘의 영성 수련을 통한 깨달음을 기도문으로 작성

6단계 묵상한 말씀 정리

1. 성경 말씀

// 말씀 읽기: 시편 119편 130절

// 관련 성구: 고린도전서 2장 10-12절

2. 도움의 글

하나님은 성경 말씀을 통해 우리와 의사소통을 하고 계십니다. 우리는 성경 말씀을 통해 하나님을 잘 알게 되며, 우리의 삶에 대한 하나님의 마음을 이해하게 됩니다. 또한 우리가 하나님을 위하여 살아가는 데 필요한 새로운 진리를 깨닫게 됩니다. 그러므로 우리는 우리의 삶 가운데 하나님의 말씀이 풍성히 거하도록 노력하여야 합니다. 사실 하나님은 그리스도인들이 성경 말씀을 묵상하는 것을 대단히 강조하십니다. 왜냐하면 우리는 말씀 묵상을 통하여 개인적인 적용을 이끌어 낼 수 있기 때문입니다. 말씀 묵상과 적용은 우리를 성경 말씀 속으로 들어가도록 도와줄 뿐 아니라 성경 말씀이 우리 마음속에 들어오도록 도와줍니다.

말씀 묵상은 성령의 조명으로, 성경을 통해 하나님의 진리를 깨닫고 감동을 느끼는 것이 목적입니다. 성경은 진리의 책이기 때문에 성령의 조명에 의해 진리를 분명하게 깨달아야 합니다. 우리가 성령의 조명으로 하나님의 진리를 깨달을 때 말할 수 없는 기쁨이 충만하게 됩니다. 우리가 말씀 묵상을 통해 하나님의 감동을 느낄 때 굳은 마음이 제거되고 마음이 부드럽게 됩니다. 이와 같이 성령의 조명은 말씀 묵상을 통해 성경을 영적인 진리로 깨닫게 하고 감동시킬 뿐 아니라 그 깨달음을 삶에 적용하도록 도와줍니다.

따라서 말씀 묵상 결과의 정리는 말씀을 묵상하면서 성령의 조명에 의해 깨달은 것을 삶에 적용하는 작업에 초점을 맞추고 있습니다. 말씀 묵상 정리의 단계는 말씀 묵상의 시작과 과정, 그리고 그 결과를 보다 상세하게 정리하는 단계입니다. 우리가 말씀을 묵상하면서 메모한 것을 모아서 정리해 보면 새로운 깨달음을 얻을 수 있습니다. 우리는 이 과정을 통해 단순한 사실도 새롭게 깨달을 수 있고, 익히 잘 알고 있다고 생각했던 것들도 알고 보면 부분적이거나 피상적이었다는 사실을 깨달을 수 있습니다.

이 단계에서는 인지적 깨달음뿐 아니라 그 뒤에 따라오는 정서적 반응, 예를 들면, 기쁨, 놀라움, 후회, 죄책감, 부끄러움 등을 면밀하게 관찰하여 기록해 둡니다. 이렇게 함으로 인지적 깨달음과 정서적 반응이 삶의 변화를 불러오는 의지적 행동에 영향을 미치게 됩니다.

시편 119편의 저자는 “주의 법이 나의 즐거움이 되지 아니하였더라면 내가 내 고난 중에 멸망하였으리이다”(119편 92절)라고 고백하였습니다. 그는 또 주의 말씀을 꿀맛에 비유하였습니다: “주의 말씀의 맛이 내게 어찌 그리 단지요 내 입에 꿀보다 더 다나이다”(119편 103절).

사도 바울은 말씀으로 자신을 얽매고 있는 죄의 법을 깨닫고 탄식했으며, 그 법에서 자신을 구원하신 예수 그리스도의 은혜를 느끼고 감격합니다: "내 지체 속에서 한 다른 법이 내 마음의 법과 싸워 내 지체 속에 있는 죄의 법으로 나를 사로잡는 것을 보는도다 오호라 나는 곤고한 사람이로다 이 사망의 몸에서 누가 나를 건져내랴 우리 주 예수 그리스도로 말미암아 하나님께 감사하리로다"(로마서 7장 23-25a절).

이 단계에서 우리가 깨닫고 느낀 내용을 영성일지 형식으로 기록해 두면, 반복해서 읽고 묵상한 결과를 기억할 수 있을 것입니다. 이렇게 함으로 우리는 나 자신의 문제에 대한 심층적 원인을 규명할 수 있습니다. 그러나 때에 따라 묵상의 과정과 결과를 분리하기 어려우면 이 두 단계를 통합할 수도 있습니다.

3. 영성 수련

수련1) 묵상한 말씀 정리 노트 작성

말씀 묵상 깨달음 노트를 사용해 본 적이 있습니까? 이 노트는 내가 묵상을 통해 깨달은 것을 잊어버릴지도 모르는 것들을 기억하도록 도와줄 것입니다. 아래 빈칸에 내가 묵상을 하면서 메모한 것들을 기록하십시오. 나의 깨달음을 정리하면 그 말씀이 우리 마음속에 들어오게 될 것입니다. 말씀 묵상의 깨달음을 정리하여 기록해서 보관해 두는 것은 그것을 잊어버리지 않게 하고 삶에 적용할 수 있도록 도움을 줄 것입니다.

말씀 묵상 정리 노트는 아래의 1과 2를 선택해서 사용하면 됩니다.

말씀 묵상 정리 노트1

	묵상한 말씀	깨달은 진리	감동 및 느낌	삶에 적용
1				
2				
3				
4				

말씀 묵상 정리 노트2

	묵상한 말씀	깨달은 진리	감동 및 느낌	삶에 적용
1				
2				
3				
4				
5				
6				
7				
8				
9				
10				

수련2) 말씀 묵상 결과 정리

말씀 묵상을 통해 메모한 내용을 정리하면서 깨달음을 삶에 적용합니다. 우리가 말씀 묵상을 통해 깨달은 진리와 주제를 기도 제목으로 정하고, 그와 관련되거나 연상되는 찬양을 부릅니다. 묵상한 말씀과 기도 그리고 찬양이 연합할 때 영성 형성이 훨씬 쉽습니다.

1) 말씀 묵상 메모를 정리하면서 마음에 깨달아지는 것은 무엇입니까?

....

....

....

....

2) 말씀 묵상 메모를 정리하면서 생각나는 기도 제목은 무엇입니까?

....

....

....

....

3) 말씀 묵상 메모를 정리하면서 마음에 떠오르는 찬송은 무엇입니까? 그 찬송의 가사를 생각하면서 소리 내어 불러봅시다.

수련3) 현재 자신의 문제 규명 및 해결 방안 모색

1) 말씀 묵상 메모를 정리하면서, 현재 자신이 겪고 있는 문제의 심층적인 원인은 무엇이며, 그 문제는 어떻게 해결될 것 같습니까?

2) 성경 말씀 묵상 메모를 정리하면서, 내 마음에 기대되는 바는 무엇입니까?

....

....

....

수련4) 오늘의 영성 수련을 통한 깨달음을 기도문으로 작성

....

....

....

....

....

....

....

....

....

7단계 말씀을 마음에 새김

1. 성경 말씀

// 말씀 읽기: 예레미야 31장 31-33절

// 관련 성구: 잠언 6장 20-21절, 잠언 7장 1-3절, 야고보서 1장 21절, 고린도후서 3장 3절

2. 도움의 글

이 단계에서는 묵상을 통해서 깨달은 말씀과 진리를 마음에 새기는 훈련입니다. 이를 위해서 말씀 암송, 말씀 기록, 기억 훈련 등의 방법을 사용할 수 있습니다. 말씀을 마음에 새기는 것은 성령의 사역입니다(고린도후서 3장 3절; 에스겔 36장 26-27절). 성령의 사역은 새언약의 사역입니다. 구약은 율법을 돌판에 새기었습니다. 그러나 새언약은 성령께서 말씀을 믿는 자의 마음에 새깁니다(예레미야 31장 31-33절).

히브리 사람들은 계명을 마음에 새기기 위하여 말씀을 적어 목에 매거나(잠언 6장 21절), 손가락에 매거나(신명기 6장 8절; 잠언 7장 3절),

미간에 붙이기도 하였습니다(신명기 6장 8절). 또한 그들은 말씀을 집 문설주와 바깥 문에 기록하여 집에 들어오거나 나갈 때 볼 수 있게 하였습니다(신명기 6장 9절). 이렇게 함으로 그들은 그 말씀을 마음에 새기고, 깊은 뜻을 헤아렸습니다. 그들은 쉐마교육으로 말씀을 마음에 새기는 것을 훈련했습니다: "오늘 내가 네게 명하는 이 말씀을 너는 마음에 새기고"(신명기 6장 6절).

말씀을 마음에 새기는 것은 주위 환경에 구애받지 않고, 성경 말씀에 몰입하고 집중하면서 말씀을 보다 깊이 있게 새롭게 깨닫는 방식입니다. 이렇게 성경 말씀을 묵상함으로 시편 저자는 말씀 속에서 진리를 깨닫는 즐거움을 가졌고, 주의 말씀에서 얻는 즐거움으로 환난과 고난을 이겨낼 수 있었습니다. 그는 이 말씀의 즐거움을 "주의 말씀의 맛이 내게 어찌 그리 단지요 내 입에 꿀보다 더 다나이다"(시편 119편 103절)라고 고백합니다.

이처럼 우리도 하나님의 말씀을 히브리 사람들처럼 말씀을 늘 묵상하면 그 말씀이 마음에 새겨질 것입니다. 야고보는 마음에 심어진 말씀은 영혼을 능히 구원한다고 하였습니다(야고보서 1장 21절). 심어진(implanted)이란 말은 치과 치료에서 잇몸뼈에 새로운 치아를 심는 임플란트(implant)와 같은 뜻입니다. 임플란트는 안쪽에 심어 넣는다는 뜻입니다. 마음에 심겨진 달고 오묘한 그 말씀이 생명의 말씀이 되며, 우리의 길과 믿음을 밝히 보여줌으로 구원을 이루어 나가게 합니다.

우리가 말씀을 마음에 새기는 방법으로 묵상뿐 아니라 그 말씀을 암송하는 것도 중요합니다. 오늘날은 암송 훈련이 등한시되지만, 깨달은 말씀을 암송하는 습관은 중요합니다. 그리고 우리가 기억해야 할 내용을 요약하여 기도 제목으로 삼고 기도할 때 되풀이하여 그것을 마음에 심어

두어야 합니다. 말씀 암송이 힘이 있는 이유는 우리가 세상 속에서 살아갈 때 마음에 새겨진 말씀이 순간순간 떠오르기 때문입니다. 우리가 힘들고 지칠 때 마음에 새겨진 그 말씀이 기억나고 생각날 때, 그 말씀이 나의 힘이 되고 나를 격려할 것입니다. 특히 우리가 고통 중에 있을 때나, 외로울 때, 마음의 혼란 가운데 있을 때 암송한 그 말씀이 샛별 같이 떠오르게 됩니다: "또 우리에게는 더 확실한 예언이 있으니 어두운 데를 비추는 등불과 같으니 날이 새어 샛별이 너희 마음에 떠오르기까지 너희가 이것을 주의하는 것이 옳으니라"(베드로후서 1장 19절).

우리가 좀 더 능력 있게 살아가기 위해 말씀을 묵상하고 암송합시다. 우리는 성경 말씀을 묵상하고 암송하면서 찬송으로 이어질 때 더 큰 기쁨을 맛볼 수 있습니다. 이렇게 할 때 성령께서는 우리의 인지적 영역뿐 아니라 정서적 영역에서도 역사하게 됩니다.

그러나 너무 급하게 말씀을 암송하려고 하지 마십시오. 우리가 말씀을 작은 소리로 읊조리면서 반복해서 묵상하다 보면 자연스럽게 말씀이 외워지게 됩니다. 중요한 것은 말씀을 반복해서 외우는 습관을 기르는 것입니다. 나아가서, 영감으로 받은 말씀과 관련되는 찬송가를 정하여 자주 부르면 말씀을 마음에 새기는 데 큰 도움이 될 것입니다. 그래서 말씀과 기도 그리고 찬송이 하나 되어 어우러지면 말씀의 진리를 마음에 새기기 쉬워집니다.

3. 영성 수련

묵상한 말씀을 마음에 새기는 방법으로 암송, 기도, 찬양의 세 과정으로 하면 말씀만 묵상하기보다 말씀의 진리를 마음에 새기기가 쉽습니다.

수련1) 말씀을 암송함으로 마음에 새김

묵상한 성경 말씀을 암송합니다. 성경 말씀을 암송할 때 성경 말씀을 반복적으로 읊조리면서 읽습니다. 그 말씀이 마음에 새겨지는 것이 훨씬 쉬어집니다. 자! 이제 소리 내어서 말씀을 암송해 봅시다. 계속 반복적으로 암송해 봅니다.

....

....

....

....

수련2) 말씀을 기록함으로 마음에 새김

묵상한 말씀을 노트에 기록해 봅니다. 묵상한 말씀을 노트에 기록하면 말씀이 쉽게 외워집니다. 자! 이제 묵상한 말씀을 기록해 봅니다.

....

....

....

수련3) 기도 제목을 적음으로 마음에 새김

말씀 묵상 노트를 정리하면서 마음에 떠오르는 기도 제목은 무엇입니까? 떠오른 기도 제목을 기록해 봅니다.

말씀 묵상 메모를 정리하면서, 내가 기억해야 할 내용을 기도 제목으로 정하여 기도 노트를 기록합니다. 기도 노트를 보면서 자신의 기도 시간에 되풀이하여 기도합니다. 이렇게 기도하면, 묵상한 말씀을 마음에 새기는 데 도움이 될 것입니다.

....

....

....

....

수련4) 찬양으로 마음에 새김

묵상한 말씀과 관련된 찬양을 찾아서 그 찬양을 자주 부르면 말씀을 마음에 새기는 데 효과적입니다.

묵상한 말씀과 관련되어 생각나는 찬양이 있습니까? 있다면 어떤 가사가 마음에 와닿습니까? 나의 마음에 감동이 올 때까지 반복해서 부릅니다. 그러면 성령님께서 나의 마음에 찬양을 통해 감동을 주실 것입니다. 자! 그 찬양을 조용하게 부릅니다.

....

....

....

수련5) 오늘의 영성 수련을 통한 깨달음을 기도문으로 작성

....

....

....

....

....

....

....

....

8단계 일상 생활 규율 계획

1. 성경 말씀

// 말씀 읽기: 에베소서 4장 21-24절

// 관련 성구: 에스겔 36장 26-27절, 갈라디아서 5장 16절, 로마서 12장 1-2절, 데살로니가전서 4장 11-12절, 5장 16-22절

2. 도움의 글

성경적인 영성은 영성 훈련만을 위해서가 아니라, 일상적인 신앙생활 가운데서도 끊임없이 반복되어야 합니다. 영성은 일상의 삶 속에서 지속될 수 있어야 성경적 영성이라고 할 수 있습니다. 우리가 성경 말씀을 묵상만 하고 끝난다면 예수 그리스도의 성품을 형성할 수 없습니다. 참된 그리스도인은 성경 말씀의 진리를 알고, 그 말씀을 통해 하나님의 능력을 느끼고, 하나님의 뜻을 실천하는 사람입니다.

묵상한 성경 말씀에 대한 믿음이 일상생활 속에서 행함으로 나타나게 될 때 비로소 성경적 영성이 형성되는 것입니다. 그리고 묵상을 통한

말씀의 실천은 자기를 부인하고, 자기 십자가를 지고, 예수 그리스도를 따라가는 삶으로 나타나야 합니다.

믿음에서 믿음의 생활에 이르는 데 지름길은 없습니다. 이 길은 오히려 고난과 고통의 길입니다. 우리는 이 길을 걸어갈 때 수많은 장애물을 넘어가야 합니다. 성경적 영성은 신앙을 생활로 이끄는 훈련입니다. 이 과정을 통해 우리는 예수님의 제자 됨이 가능해지고, 점진적으로 예수 그리스도 안에서 성숙해져 갑니다. 따라서 성경적 영성은 갑자기 우리의 삶 속에서 형성되는 것이 아닙니다. 성경적 영성 형성은 시간이 걸립니다. 성경적 영성은 일상생활 속에서 자기를 희생하는 사랑과 예수 그리스도의 성품을 닮아가는 성숙을 요구합니다.

그러므로 성경적 영성은 상당한 시간에 걸쳐서 준비와 훈련을 통해 형성되어집니다. 성령께서 우리 마음에 내주하시면, 말씀 묵상을 통해 깨달은 진리를 일상생활에서 실천할 수 있는 능력을 주십니다(에스겔 36장 : 26-27절).

> "또 새 영을 너희 속에 두고 새 마음을 너희에게 주되 너희 육신 속에서 굳은 마음을 제거하고 부드러운 마음을 줄 것이며 또 내 영을 너희 속에 두어 너희로 내 율례를 행하게 하리니 너희가 내 규례를 지켜 행할지라."

성경적 영성 수련은 물뿌림으로 정화되고, 새 영으로 마음의 변화를 받아 율례를 지켜 하나님과 연합하는 것입니다. 여기서 마음의 변화는 구체적으로 육신에서 굳은 마음을 제거하고 부드러운 마음을 가지는 것입니다. 따라서 성경적 영성 수련은 삶 가운데 옛사람을 벗고 새 창조의 능력을 누리는 것입니다.

옛사람을 벗는 것은 자기 부인의 훈련이며 십자가 영성 수련입니다. 자기 부인은 여러 가지 의미가 있겠지만, 무엇보다도 이것은 주님의 제자가 되는 첫 번째 요건입니다. 예수께서 말씀하셨다: "... 누구든지 나를 따라 오려거든 자기를 부인하고 자기 십자가를 지고 나를 따를 것이니라"(마가복음 8장 34절). 자기 부인의 훈련은 주님께 복종하여 주님의 제자가 되는 훈련입니다.

바울은 복종에 대하여 이렇게 고백합니다: "내가 내 몸을 쳐 복종하게 함은 내가 남에게 전파한 후에 자신이 도리어 버림을 당할까 두려워 함이로다"(고린도전서 9장 27절). 이것은 우리의 삶에서 궁극적 목표와 우선순위가 주님의 뜻을 따르는 것임을 보여줍니다. 이것은 모든 일이 자기 뜻대로 되어야 한다는 고정관념에서 우리를 자유케 합니다. 그리고 어떤 일이든 자기 뜻대로 되지 않았다고 분노하거나 좌절하지 않는 것을 의미합니다.

성경적 영성 수련의 과정은 우리 속에 예수 그리스도의 형상이 이루어지는 과정이며, 예수 그리스도의 형상을 완성하는 것이 영성수련의 목표입니다. 바울은 이를 위하여 수고하고 애썼습니다: "나의 자녀들아 너희 속에 그리스도의 형상을 이루기까지 다시 너희를 위하여 해산하는 수고를 하노니"(갈라디아서 4장 19절).

우리가 예수 그리스도의 형상을 이루기 위해서는 말씀과 진리를 일상생활 가운데서 삶의 열매로 나타내는 것이 중요합니다. 말씀을 실현할 수 있도록 일상생활의 규율을 정하는 것과, 마음에 새긴 말씀을 실현할 수 있는데 충분한 시간을 할애할 수 있도록 일상생활을 계획해야 합니다. 또한 일상의 생활을 계획할 때 가급적 외부 활동을 자제하는 것이 유익합니다. 우리는 성령의 인도하심으로 살아갈 수 있는 단순한 삶, 반복적인 삶을 훈련받을 수 있습니다.

이러한 삶을 구체적으로 실현하기 위해서 현실적 삶의 공간과 시간을 조정해야 합니다. 그리고 영성일지를 기록하는 것도 도움이 될 것입니다. 영성일지는 오늘 하루 자신이 살아오면서 느낀 감사와 구제, 칭찬, 회개, 중보, 소망 중 한 가지씩을 점검해 보는 것입니다.

영성일지를 쓰는 목적은 무엇보다도 우리의 삶 속에서 하나님의 역사를 탐구하는 것입니다. 영성일지는 어떤 형식으로 쓰든지 간에 우리의 삶 속에서 하나님의 손길을 분명하게 느끼는 것이 중요합니다. 이와 관련하여 자신이 정한 기도 제목을 어떻게 실현할지를 구체적으로 계획하여 실천하는 방법도 가능할 것입니다. 그리고 말씀묵상, 기도와 찬송을 서로 연합하여 일정한 시간 계속하도록 일상생활을 계획하여 실천합니다.

3. 영성 수련

성경적 영성 형성은 저절로 되는 것이 아닙니다. 우리는 영성 형성을 위해 말씀 묵상을 계획을 세워서 열심히 지켜나가야만 합니다. 매일 영성 형성을 위해 일상생활에 규율을 세우고, 그 규율을 지키기 위해 부단히 노력하는 것이 필요합니다. 우리가 생활에 규율을 정하고, 그 규율을 지켰을 때 분명히 만족을 얻게 될 것입니다.

수련1) 공간과 시간의 조정 계획

성경적 영성 형성을 위해서는 혼자 있는 시간과 공간이 필요합니다. 우리는 우리의 생활을 살펴야 합니다. 우리의 삶에 불필요한 부분들을 줄여야 합니다. 현대인들은 너무 바쁘게 살아가고 있습니다. 우리는 날마다 수많은 사람들과 수많은 정보를 만납니다. 이제는 대면으로만 아니라 비대면과 인터넷으로 더 많은 사람들을 만납니다. 성경적 영성을 위해서는 자신을 둘러싸고 있는 시간과 공간을 조정하여야 합니다. 우리는 좀 더 단순한 삶을 살아야 합니다.

현재 나의 생활에서 영성 형성을 위해 어떻게 하면 좀 더 단순한 삶을 살아갈 수 있습니까? 단순한 삶을 위해 어떻게 나의 시간과 공간을 조정할 수 있습니까? 자! 이제 내가 나의 시간과 공간을 구체적으로 조정해 봅니다. 시간과 공간의 조정을 구체적으로 계획하면 도움이 될 것입니다.

공간 조정 계획

....

....

....

....

....

....

시간 조정 계획

....

....

....

....

....

....

수련2) 일상생활 영성 일지 작성

영성 일지를 기록하는 것은 영성 형성에 도움이 될 것입니다. 영성 일지는 오늘 하루 자신이 살아오면서 감사, 구제, 칭찬, 회개, 중보, 소망 중 한 가지씩을 점검해 보는 것입니다. 일상의 생활 가운데 영성 일지를 매일 작성하면서, 자신의 영성을 점검합니다.

아래의 일상생활 영성 일지 점검표를 작성합니다. 하루의 삶을 마무리하는 시간에 영성 일지 내용의 실행 여부를 체크합니다. 일상 영성을 실행하였으면 O표, 실천하지 않았으면 X를 합니다. 그 이후 자기고백 란에 자신의 마음에 떠오르는 생각이나 감정 그리고 기도문을 작성합니다.

일상생활 영성 점검

일상 영성	실행 여부	자기 고백 및 기도
감사		
구제		
칭찬		
회개		
중보		
소망		

내 마음에 떠오르는 생각과 감정은 무엇입니까?

수련3) 오늘의 영성 수련을 통한 깨달음을 기도문으로 작성

9단계 성령의 열매 점검

1. 성경 말씀

// 말씀 읽기: 갈라디아서 5장 22-23절

// 관련 성구: 갈라디아서 4장 19절, 베드로후서 1장 5-7절

2. 도움의 글

오늘을 살아가는 우리는 행위와 그 결과를 중요하게 여깁니다. 그러나 성경은 성품과 사람됨을 강조합니다. 하나님께서 우리의 삶에 요구하는 것은 외적인 행동뿐 아니라 내적인 성품도 포함하고 있습니다. 신앙생활에는 외적인 측면과 내적인 측면이 있습니다. 그러나 우리 교회는 그동안 신앙의 외적인 측면을 강조하다 보니 내적인 측면이 상대적으로 빈약한 실정입니다.

따라서 이 단계에서는 새롭게 계획한 생활 규율에 따라 살아가면서 자신의 신앙생활과 가정생활 그리고 사회생활에서 성령의 열매가 나타나는지를 점검해 보는 것입니다. 이 점검은 신앙이 자기도취적이며 심리적인

조작이나 자기 암시에 사로잡히지 않고, 성령의 인도하심을 받는지를 구체적으로 확인하는 것입니다.

앞 단계에서 정한 일상생활 규율과 기도 제목은 단기적으로 어떻게 실천되는지를 살피는 신앙생활의 외적인 측면 점검입니다. 또한 우리는 장기적으로 신앙생활의 내적인 측면인 성령의 열매를 점검해 보아야 합니다. 대부분의 신자들은 오랜 신앙생활을 해 왔기 때문에 성령의 열매 점검표를 가지고 자신의 신앙과 삶을 점검해 보는 것이 유익할 것입니다.

성경적 영성 형성의 방법은 성령을 따라 사는 삶에서 형성되는 영성이라고 할 수 있습니다. 성령을 따라 사는 삶은 내주하는 성령을 통하여 성부와 성자 하나님과 교통하며 사는 삶을 의미합니다. 그래서 성령을 따라 사는 삶에서 열리는 열매는 성령의 열매이자 성자와 성부 하나님의 열매이기도 합니다. 베드로는 이것을 신성한 성품, 곧 신의 성품(divine nature)에 참여하는 것이라 했습니다.

> 이로써 그 보배롭고 지극히 큰 약속을 우리에게 주사 이 약속으로 말미암아 너희가 정욕 때문에 세상에서 썩어질 것을 피하여 신성한 성품에 참여하는 자가 되게 하려 하셨느니라 그러므로 너희가 더욱 힘써 너희 믿음에 덕을, 덕에 지식을, 지식에 절제를, 절제에 인내를, 인내에 경건을, 경건에 형제 우애를, 형제 우애에 사랑을 더하라(베드로후서 1장 4-7절).

신의 성품에서 제일 먼저 나오는 것은 믿음입니다. 믿음은 신적 성품 형성의 시작이요 반석이라고 할 수 있습니다. 이 믿음의 기반 위에서 다른 성품들이 형성되어야 합니다. 신의 성품은 믿음에만 머물러 있지 않고 성숙하여야 합니다. 성숙의 단계에서 먼저 덕을 쌓는 것이 중요합니다. 덕이 있을 뿐 아니라 하나님과 사람, 세상과 자연에 대한 지식을 가지고 있어야 합니다. 맹목적인 신앙은 위험합니다. 우리는 끊임없이 배우는 자세를 가져야 합니다. 지식이 있는 사람은 그 지식을 과시하고픈 욕구를 절제해야 합니다. 왜냐하면 우리가 아는 것을 자랑하고, 다른 사람들을 무시하고 차별하면 공동체의 화평을 이루기 어렵기 때문입니다. 그래서 성숙한 신앙은 모든 사람들에 대하여 인내하고 견뎌야 합니다. 그리고 그의 삶에서 하나님을 경외하고 예수의 향기가 풍기는 경건이 삶 속에 뿌리를 내려야 합니다. 가족들 간의 화평과 사랑을 이루고, 주님과 같이 모든 사람을 긍휼히 여기고 품을 수 있는 사랑을 가질 때, 신적 성품이 온전히 이루어집니다.

바울은 육체의 일과 성령의 열매를 비교합니다. 바울이 언급한 육체의 일은 더러운 것, 시기, 투기, 이기심 등이 있습니다. 이러한 것들은 그리스도인의 영성 형성에 장애물이 됩니다. 그러나 이러한 것들은 우리에게 자연스럽게 부딪쳐 옵니다. 이것이 극복될 수 있어야만 사랑, 희락, 화평, 인내, 자비, 양선, 충성, 온유, 절제와 같은 성품으로 성장이 가능합니다.

바울은 사랑, 희락, 화평, 인내, 자비, 양선, 충성, 온유, 절제를 성령의 열매라고 말합니다. 이와 같이 바울은 갈라디아서 5장에서 육체의 일과 성령의 열매를 대조시킵니다. 육체와 성령이 대조되듯이 일과 열매도 대조적인 측면이 있습니다. 일은 애쓰고, 힘쓰고, 수고해야 합니다. 그러나 열매는 자연스럽게 맺히며, 익어갑니다.

우리는 성경적 영성이 형성되는 것을 나무와 열매로 비유해 볼 수 있습니다. 나무에 열매가 맺혀 익어가듯이, 영성은 우리가 성령 안에 있을 때 성령의 능력으로 익어가는 성품과 같습니다. 성령의 열매는 성령의 사역입니다. 따라서 우리는 성령의 인도하심으로 자신의 삶을 말씀에 비추어 깊이 성찰할 때 성령의 열매를 알 수 있습니다. 우리는 보통 물질적, 구체적, 현실적 선물이나 업적은 쉽게 인식하고 감사합니다. 그러나 성령께서 주시는 성령의 열매는 자신을 깊이 성찰하지 않으면 깨달을 수 없습니다. 우리는 말씀을 묵상하면서 자신의 삶을 깊이 살필 때 성령의 열매를 알 수가 있습니다.

그리스도인들은 성령의 열매 점검표를 통해 자신의 신앙과 삶을 점검해 보는 것은 매우 유익할 것입니다. 이 점검은 자신이 신자들과 함께 그리스도의 몸 세우기에 적합한지를 점검하는 것이기도 합니다. 성령께서 주신 은사와 직분은 성령의 열매와 잘 조화를 이루어야 합니다. 이 점검표에서 풍성하게 나타나는 성령의 열매는 계속 유지하고, 빈약하게 나타나는 성령의 열매는 어떻게 성숙시켜야 할지를 구상해야 합니다.

3. 영성 수련

수련1) 성령의 열매 의미 이해

신앙의 내적인 측면과 외적인 측면은 상호 밀접한 관계를 맺으면서 조화를 이루어야 합니다. 성령의 열매인 갈라디아서 5장 22-23절은 신앙의 내적인 측면을 의미합니다. 하나님께서 나에게 주는 하나님의 메시지를 중심으로 내적인 성품을 이해하는 것입니다.

성령의 열매	간단한 의미	메시지
사랑		
희락		
화평		
오래참음		
자비		
양선		
충성		
온유		
절제		

수련2) 성령의 열매 점검

성령의 열매 점검표는 신앙의 내적인 측면을 점검해 보는 것입니다. 다음의 성령의 열매 점검표는 스스로 자신의 영성을 점검해 볼 수 있도록 고안되었습니다. 사실 영성 점검이란 말 자체가 무리일 수 있습니다. 영성을 검증할 수 있는 객관적·일반적 기준을 찾는다는 것은 매우 어렵습니다. 여기에 열거된 것은 영성의 중요한 요소들 중에서 성령의 열매에 대한 것들입니다. 단지 참고로 자신의 신앙생활을 돌아볼 수 있는 기준이란 점을 밝혀 둡니다. 그러나 성령의 열매 점검표는 자신의 삶을 돌아보면서 다 체크해 볼 필요가 있습니다. 왜냐하면 이 점검을 통해 자신의 성품을 성찰할 수 있기 때문입니다.

성령의 열매 점검표

	문 항	전혀 아니다	대체로 아니다	대체로 그렇다	매우 그렇다
		1	2	3	4
1	나는 하나님과 사람들을 사랑하며 산다.	1	2	3	4
2	나는 신앙생활에 기쁨이 없다.	1	2	3	4
3	나는 평안함을 누리며 산다.	1	2	3	4

4	나는 조급하여 오래 참지 못한다.	1	2	3	4
5	나는 사람들에게 친절하다.	1	2	3	4
6	나는 선한 마음으로 이웃에게 선한 행실을 한다.	1	2	3	4
7	나는 하나님과 사람들과의 관계에서 신실하다.	1	2	3	4
8	나는 마음이 부드럽고 따뜻하다.	1	2	3	4
9	나는 절제가 부족하다.	1	2	3	4

수련3) 성령의 열매 구상

위의 '성령의 열매 점검표'를 통한 자신의 내적인 성품에 대해서 생각해 보았습니다. 이제 '성령의 열매 점검표'에서 나타나는 풍성한 열매와 빈약한 열매는 무엇인지 생각해 봅니다. 그리고 자신의 신앙생활에서 풍성한 열매를 계속 유지할 수있는 방법과 빈약한 열매는 어떻게 성숙시켜야 할지를 구상해 봅니다. 이것은 하나님께서 우리의 삶 가운데 이루어지기를 원하시는 성품이 무엇인지를 생각해 보는 것입니다.

풍성한 열매	빈약한 열매

1) 어떻게 하면 성령의 풍성한 열매를 계속 유지할 수 있습니까? 그 방법을 구체적으로 생각하고 실천할 수 있는 계획을 구상해 봅니다.

2) 어떻게 하면 나의 빈약한 열매를 풍성한 열매로 바꿀 수 있습니까? 그 방법을 구체적으로 생각하고 실천할 수 있는 계획을 구상해 봅니다.

....

....

....

....

....

....

수련4) 오늘의 영성 수련을 통한 깨달음을 기도문으로 작성

....

....

....

....

....

....

....

....

....

10단계 그리스도의 몸 세움

1. 성경 말씀

// 말씀읽기: 에베소서 4 장 11-16절

// 관련성구: 고린도전서 12장 4-11절, 로마서 12장 3-8절, 로마서 14장 13-17절

2. 도움의 글

이 단계는 신앙의 궁극적 목표가 그리스도의 몸을 세우는 것임을 확인하는 단계입니다.

영성수련에서 개인적인 측면이 강하게 드러나는 경향이 있지만, 개인의 내적인 영성훈련을 공동체 훈련 없이 지나치게 강조하면 성경적 영성형성에 문제가 생길 수 있습니다. 성경적 영성 형성의 목표는 예수 그리스도의 몸을 세우는 것입니다. 예수 그리스도의 몸을 세워나가는 것이 곧 하나님 나라를 실현하는 것입니다. 성령께서는 우리에게 다양한 은사를 주셔서 그리스도의 몸을 세워나가게 합니다. 다양한 은사는 로마서 12장

6-8절과 고린도전서 12장 8-10절에 소개되어 있습니다.

> 우리에게 주신 은혜대로 받은 은사가 각각 다르니 혹 예언이면 믿음의 분수대로, 혹 섬기는 일이면 섬기는 일로, 혹 가르치는 자면 가르치는 일로, 혹 위로하는 자면 위로하는 일로, 구제하는 자는 부지런함으로, 긍휼을 베푸는 자는 즐거움으로 할 것이니라(로마서 12:6-8).

> 어떤 사람에게는 성령으로 말미암아 지혜의 말씀을, 어떤 사람에게는 같은 성령을 따라 지식의 말씀을, 다른 사람에게는 같은 성령으로 믿음을, 어떤 사람에게는 한 성령으로 병 고치는 은사를, 어떤 사람에게는 능력 행함을, 어떤 사람에게는 예언함을, 어떤 사람에게는 영들 분별함을, 다른 사람에게는 각종 방언 말함을, 어떤 사람에게는 방언들 통역함을 주시나니(고린도전서 12 :8-10).

성령의 은사들은 공동체의 유익을 위해서 사용해야 합니다. 공동체의 유익은 다른 지체들의 유익을 의미합니다. 성령의 다양한 은사들이 조화롭게 사용되기 위해서는 다양성 가운데 통일성이 있어야 합니다. 성령의 은사들은 성령과의 관계 속에서 '혼자'라는 측면과 다른 지체들과의 관계 속에서 '더불어'라는 측면이 있습니다. 따라서 바른 성경적 영성은 '혼자'와 '더불'가 조화와 균형을 이루어야 합니다. 혼자 있을 때는 주님과 함께하는 시간입니다. 주님께서 이때 우리에게 주신 것을 혼자만 누릴 것이 아니라 다른 사람들과 더불어 나누어야 합니다. 이 둘 중에 어느 한쪽으로 치우칠 때에 문제가 생깁니다.

건전한 공동체 훈련에서는 개인주의를 피해야 하고 공동체가 집단화되어서도 안 됩니다. '집단화'란 개인의 신앙이나 성격이 무시되고, 수직관계가 강해져서 공동체가 경직되어 구성원 간의 상호성이 없어지는 것입니다. 진정한 공동체 영성은 양극 즉, 지나친 개인주의와 지나친 집단화를 피하고 균형과 조화를 이루는 절제가 필요합니다. 바울은 그의 서신들에서 진정한 공동체가 무엇인지 구체적으로 가르쳐주고 있습니다(특히, 고린도전서 12장, 로마서 14-15장).

사도 바울은 로마서 14-15장에서 교회 공동체의 원리와 정신을 명확하게 설명하고 있습니다. 그 원리는 교회에서 믿음이 강한 자는 믿음이 약한 자를 업신여기지 말고, 믿음이 약한 자는 믿음이 강한 자를 비판하지 말아야 합니다. 상호 간에 배려가 중요합니다. 왜냐하면 모든 신자는 그리스도 안에서 서로 필요한 존재이기 때문입니다.

공동체 영성은 성령 안에서 서로 사랑함으로 하나가 되는 원리가 중요합니다: "평안의 매는 줄로 성령이 하나 되게 하신 것을 힘써 지키라 몸이 하나요 성령도 한 분이시니 이와 같이 너희가 부르심의 한 소망 안에서 부르심을 받았느니라"(에베소서 4장 3-4절). 바울은 이 진리를 건물의 비유로 설명하고 있습니다:

> 너희는 사도들과 선지자들의 터 위에 세우심을 입은 자로 그리스도 예수께서 친히 머리돌이 되셨느니라 그의 안에서 건물마다 서로 연결하여 주 안에서 성전이 되어가고 너희도 성령 안에서 하나님이 거하실 처소가 되기 위하여 그리스도 예수 안에서 함께 지어져 가느니라(에베소서 2

장 20-22절).

성경에서 가르치는 영성은 성령의 인도하심으로 우리가 말씀과 공동체를 통해 예수 그리스도를 닮아가는 것입니다. 따라서 성경적 영성은 성령, 그리고 말씀 공동체와 예수 그리스도에 대한 깊은 이해가 있어야 합니다.

3. 영성 수련

수련1) 자신의 신앙생활 점검

아래의 신앙생활 점검표[105]를 통해 자신의 신앙생활을 점검해 봅니다. 이 점검표는 절대화할 수 없지만, 자신의 균형 있는 영성을 점검하는 기준으로는 적절할 것입니다(로마서 12장 1-2절, 데살로니가전서 5장 15-22절).

---

105 오우성 박민수, 성경 이야기 상담, 164.

〈신앙생활 점검표〉

	문 항	전혀 아니다	대체로 아니다	대체로 그렇다	매우 그렇다
		1	2	3	4
1	나는 영과 진리로 예배드리고 감동을 느낀다.	1	2	3	4
2	나는 기도하지만 응답을 못받는다.	1	2	3	4
3	나는 찬송하는 습관을 가지고 있다.	1	2	3	4
4	나는 말씀공부를 통하여 진리를 깨닫는다.	1	2	3	4
5	나는 귀한 물질을 주님께 드린다.	1	2	3	4
6	나는 진리를 알지만 삶을 변화시키지 못한다.	1	2	3	4
7	나는 예수님을 전하며 산다.	1	2	3	4
8	나는 다른 교인들과 좋은 관계를 가지고 교통하며 산다.	1	2	3	4
9	나는 대가없이 봉사하며 섬긴다.	1	2	3	4
10	나는 선교의 비젼이 없다.	1	2	3	4
11	나는 어려운 사람들을 구제한다.	1	2	3	4
12	나의 신앙과 삶이 신앙공동체를 세워나감을 느낀다.	1	2	3	4
13	나는 우리 모두가 그리스도의 지체임을 확실히 안다.	1	2	3	4

수련2) 자신의 신앙 생활 구상

위의 '신앙생활 점검표'를 통해 자신의 신앙생활에 대해서 생각해 봅니다. 현재 나의 신앙생활의 잘하고 있는 것과 부족한 것을 점검합니다. 나의 신앙생활에서 잘하는 것을 계속 유지할 수있는 방법과 부족한 것을 보완할 수있는 방법에 대해 구상해 봅니다. 이것은 하나님께서 나의 삶 가운데 이루어지기를 원하시는 신앙생활에 대해서 생각해 보는 것입니다.

신앙생활의 잘하는 점	신앙생활의 부족한 점

1) 어떻게 하면 나는 '신앙생활의 잘하는 점'을 지속적으로 유지할 수 있을까? 그 방법을 구체적으로 생각하고 실천할 수 있는 계획을 구상해 봅니다.

2) 나는 어떻게 하면 '신앙생활의 부족한 점'을 보완하여 신앙생활에서 기쁨을 누릴 수 있을까? 그 방법을 구체적으로 생각하고 실천할 수 있는 계획을 구상해 봅니다.

수련3) 교회 공동체 형성 훈련

교회 공동체 형성을 위해서 다음 3단계의 훈련이 도움이 됩니다. 다음의 교회 공동체 형성의 3단계 훈련을 합니다.

1단계, 주님의 주권을 고백하는 훈련

주님의 몸된 교회를 세우는 가장 근원적인 원리는 우리 각자가 하나님의 주권에 순복해야 합니다. 교회 공동체의 중심도 하나님이십니다. 교회 공동체의 주인도 하나님이십니다. 우리는 주님의 주권을 인정하며 서로 고백하는 것이 중요합니다.

1) '주님의 주권 고백'을 읊조리면서 반복해서 기도합니다.

그리스도의 몸을 세우기 위해, 우리는 먼저 같은 신앙을 고백하며 서로가 공동체임을 확인하는 훈련이 있어야 합니다. 기도할 때 손바닥을 하늘을 향하게 하여 무릎 위에 놓습니다. 자! 이제 눈을 감고 자신의 귀에 들릴 수 있도록 조용히 '주님의 주권 고백'을 읊조리면서 반복해서 기도합니다. 마음에 울림이 있을 때까지 지속적으로 합니다.

"교회 공동체의 중심은 하나님이십니다."
"교회 공동체의 주인은 하나님이십니다."

이렇게 기도할 때, 성령님을 주님의 주권을 인정하는 마음과 순복하는 마음을 주실 것입니다. 가만히 주님의 역사하심을 기다립니다.

2) 이때 '주님의 주권'에 대해 마음에 느껴지는 것이 무엇입니까?

……………………………………………………………………………………………

……………………………………………………………………………………………

……………………………………………………………………………………………

2단계. 화평과 덕을 세우는 훈련

주님의 몸된 교회를 세우기 위해서는 각자가 주님의 주권을 인정하며, 서로 간에 화평과 덕을 세우는 것이 중요합니다. 공동체의 화평과 덕을 세우는 것은 이웃 사랑입니다. 그 마음은 '들음'과 '공감'으로 나타날 것입니다. 그러므로 교회에서 화평과 덕을 세우는 구체적인 방법은 경청과 공감입니다.

1) 경청 훈련

"듣기는 속히 하고 말하기는 더디 하라"(야고보서 1장 19절)

경청(傾聽)의 한자 뜻은 '기울여서 들음'입니다. 한자를 통해서 본 들음은 나의 귀와 눈 그리고 마음을 상대에게 기울이는 것입니다. 그러면 그 순간 나는 사라지고 상대방이 나의 마음속에 들어오게 됩니다. 이때 나는 상대방의 마음의 본질을 듣게 되는 것입니다. 이렇게 할 때, 진정 서로 사랑하게 되어 갈등이 사라지고 공동체의 화평과 덕을 세워나갈 수 있게 됩니다.

귀로 들음 훈련:

....

....

눈으로 들음 훈련:

....

....

마음으로 들음 훈련:

....

....

2) 공감 훈련

공감은 상대방의 입장에 서서 그 감정을 짐작하여 말로 표현해 주는 것입니다. 공감은 상대방의 감정을 중심으로 듣는 것입니다. 대화는 사실 묘사적 대화와 관계 지향적 대화가 있습니다. 사실 묘사적 대화는 내용과 사실만을 중심으로 하는 것이고, 관계 지향적 대화는 감정을 중심으로 하는 대화입니다. 우리는 공동체의 화평과 덕을 세우기 위해서는 관계 지향적 대화를 지향하여야 합니다.

일상생활에서 대화할 때 공감적인 경청을 훈련합니다. 이것이 공동체의 덕과 화평을 세우는 영성 훈련입니다.

공감 훈련:

....

....

....

....

3단계. 약자를 배려하는 훈련

사도 바울에 의하면 참된 이웃 사랑은 '나보다 다른 사람을 낫게 여기는 것'입니다. 화평과 덕을 세우는 태도는 다른 사람을 나보다 낫게 여기는 마음입니다. 교회 안에는 나보다 약한 사람이 있습니다. 우리가 보기에 약하고 아무 것도 아닌 지체 같은데, 주님의 몸된 교회에서는 없어서는 안 될 소중한 존재입니다. "임금이 대답하여 이르시되 내가 진실로 너희에게 이르노니 너희가 내 형제 중에서 지극히 작은 자 하나에게 한 것이 곧 내게 한 것이니라"(마태복음 25장 40절).

'나보다 나은 점 발견' 표를 작성해 봅니다. 교회 공동체에서 지금까지 약자처럼 보였던 사람 3명을 생각해 봅니다. 그들의 이름을 별칭이나 머리글자만 적어봅니다(이렇게 하는 이유는 비밀 유지를 통해 있는 그대로 표현하고 영성 수련을 하기 위함입니다). 그 이후 그 사람이 나보다 나은 점 세 가지 이상을 찾아서 적어봅니다. 이렇게 하면 그 사람이 나보다 낫게 보일 것입니다. 이 훈련은 하루에 한 번씩 30일 이상을 지속합니다.

〈나보다 나은 점 발견〉

<table>
<tr><th>성명</th><th>나보다 나은 점</th></tr>
<tr><td rowspan="3"></td><td></td></tr>
<tr><td></td></tr>
<tr><td></td></tr>
<tr><td rowspan="3"></td><td></td></tr>
<tr><td></td></tr>
<tr><td></td></tr>
<tr><td rowspan="3"></td><td></td></tr>
<tr><td></td></tr>
<tr><td></td></tr>
</table>

수련4) 오늘의 영성 수련을 통한 깨달음을 기도문으로 작성

결어

결어

오늘날 같이 바쁜 시대에는 자기 자신을 잃은 건지, 잊은 건지 알 수 없다. 우리나라 경제는 급성장했지만 우리는 그동안 너무 바쁘게 살아왔다. 우리가 그동안 성취한 것도 많지만, 우리 자신을 잃고 살면서 내면세계가 피폐해졌다. 처음에는 사람이 일을 하고, 일이 일을 불러오고, 나중에는 일이 사람을 부린다. 그래서 우리는 신앙의 자유함, 기쁨, 능력, 소망 등과 같은 것을 누리지 못하고 살아가고 있다. 이런 시대에는 우리 내면을 살펴보고 살아가는 것이 중요하다. 그러기 위해서 우리는 우리 자신의 내면을 살피시는 성령님이 도움이 필요하다.

교회제도와 조직이 비대해지면, 성령의 사역이 등한시되기 쉽다. 이런 현상이 교회 곳곳에서 나타나고 있다. W. 바클레이는 이 점을 잘 지적하고 있다: "성령과 함께 하지 않고, 성령 안에서의 확고한 신념이 없는 교회는 참으로 신앙적으로 성장하거나 발전 할 수 없다".[106] 그래서 오늘날은 그리스도인의 내면 성숙과 그리스도의 몸된 교회를 세우는 성령의 인격과 사역을 더 가르치고 배워야 한다. 이것이 이 시대 기독교의 중대한 사명이라고 생각된다. 우리는 세상 안에서 십자가의 영성을 통해 하나님 나라를 개척해야 하며, 하나님의 뜻을 이 세상에서 실현해 나가는 그리스도의 한 지체로서 살아야 한다. 이것이 성경적 영성 형성의 목표이다.

성경적 영성은 성경적 인간관과 삼위일체의 신학적 기초 위에 세워진다. 그래서 성경적 영성은 영·혼·몸의 유기적이며 전인적 관계속에서 성령의 열매로 나타난다. 그리고 이 영성은 성령께서 주체가 되고, 예수 그리스도의 몸을 세워나가는 것이 목표가 된다.

성경적 영성은 성령 안에서 말씀을 묵상함으로 속사람이 변화되어, 개인의 삶에서는 성령의 열매가 맺히며, 다른 그리스도인들과 더불어 그리스도의 몸을 세워 나가는 삶이다.

성경적 영성은 하나님의 말씀을 성령으로 우리 마음 속에 심는다는 측면에서 보면, 돌판에 새긴 구 언약과 대조되는 새 언약의 영성이다. 또한, 이 영성은 예수 그리스도의 형상을 이룬다는 측면에서 보면 예수 그리스도의 영성이다. 그래서 영성사역의 주체는 성령이며, 그 목표는 예수 그리스도의 형상을 이루는 것이다. 그래서 우리는 말씀 안에 있는 생명, 지혜와 지식, 능력을 얻고 하나님과 예수 그리스도를 만나는 방법으로 말씀묵상과 인생묵상을 살펴보았다.

영성수련의 시작은 성령의 조명으로 말씀 속에 있는 생명을 발견하고

---

106 앞의 책, 190

그 생명을 누리는 데 있다. 이 단계는 묵상 단계로서 말씀을 공부하고 아는 것을 넘어서서 그 말씀을 내면화와 개별화하는 것이다. 즉 말씀을 내 삶 속에서 어떻게 실현시키는가를 깊이 생각하는 것이다. 묵상은 단지 사색하고 사유하는 것이 아니라 말씀을 내 삶 속에 적용하는 훈련이다.

따라서 말씀 안에서 생명을 찾는 것이 묵상의 목적이다. 말씀 안의 생명은 사람들의 빛이다. 우리 안에 이 생명이 있을 때 우리는 빛을 느낀다. 생명이 없으면 우리의 삶이 어둡다. 그래서 예수께서 '너희 속에 빛이 있는지 살펴라'고 하신다. 이 빛으로 자기 자신을 성찰할 때, 자기 자신을 바로 알 수 있다.

성경적 영성은 성경말씀을 자주, 깊이 접함으로 자신 속에 성경의 영인 성령님과 친밀한 공감대를 형성하는 것이다. 신앙의 햇수가 오래되어도 신앙성숙이 이루어지지 않는 주요한 이유는 성경말씀의 일반적, 객관적, 피상적 지식은 늘어나도 그 지식이 개별화, 내면화되지 않아 정서적 영역과 연결되지 않기 때문이다. 이런 상황에서 이 문제를 해결하는 길은 두 가지라고 생각된다. 첫째는, 말씀을 깊이 묵상함으로 성령의 조명을 받아 말씀 속에서 정서적 반응, 즉 감동과 감화를 받는 것이다. 둘째는, 정서적 영역을 발달시키는 기도와 찬양을 많이 하는 것이다. 우리의 인지적 능력은 정서적 영역과 연결되어 삶에서 구체적인 변화(행위적 영역)가 일어나야 한다.

성경적 영성은 성경중심(sola Scriptura)의 개신교 개혁주의의 영성이다. 성경은 공 예배와 공적 활동에서 사용되지만, 성경적 영성에서는 성경의 개인적 사용, 곧 성경묵상을 강조한다. 그동안 교회는 성경의 공적 사용을 강조하여 왔기 때문에 성경의 개인적 묵상을 등한시 해왔다. H. 라이스에 의하면, 개혁교회는 성경의 공적 사용과 개인적 사용이 두 축이 되어 조화와 균형을 이루어야 한다. 이것은 외향적인 활동보다는 내향적인 묵상으로 속사람을 변화시키려는 것이다. 예수께서는 특히 그의 산상수훈에서 내적인 변화를 강조하였다.

영성사역의 주체로서 성령은 우리 안에 그리스도의 형상을 이루어 나간다. 영성사역은 성령과 성자의 상호협동 사역이다: "너희도 성령 안에서 하나님이 거하실 처소가 되기 위하여 그리스도 예수 안에서 함께 지어져 가느니라"(에베소서 2장 22절). 그래서 성경적 영성의 모델은 예수 그리스도의 영성이다. 그런데 현실적으로 성부·성자·성령의 팀 사역이 잘 되지 않는 것은 한쪽으로 치우치기가 쉽기 때문이다. 하나님 아버지께서 성자와 성령을 팀 사역하라고 보내셨다. 그래서 성경적 영성은 성부·성자·성령의 삼위일체적 사역으로 형성되기 때문에 성경적으로 삼위일체의 구도 안에 있다. 성경적 영성은 바른 관계의 영성이다. 하나님 중심으로 보면, 성부와 성자와 성령의 바른 관계이고, 사람 편에서 보면, 하나님·이웃·세상과 자연과의 바른 관계이다. 나의 삶으로 보면, 영과 혼과 몸의 바른 관계의 영성이다.

자신을 깊이 살피는 영성가들은 자신 안에서 두 가지를 발견해야 한다고 한다. 첫째는 우리 안의 죄성이고, 다음은 유한한 피조성이다. 이것이 성경적 인간관의 핵심이다. 우리 안에는 끊을 수 없는 죄성이 자리 잡고 있음을 우리가 깨달을 수 있어야 한다. 우리의 죄성 때문에 우리는 하나님께 나아가지 못하는 것이다. 하나님께서 아담에게 "아담아 네가 어디 있느냐?" 하고 찾으셨다. 우리는 어디 있는지, 무엇을 하는지도 모르고, 누구인지도 모르고 살아가고 있다. 우리의 탐욕, 악함, 이기성, 그리고 쉽게 절망하는 것들이 우리의 죄성을 드러내 준다. 이것을 해결해 주는 것이 그리스도의 십자가이다. 그리스도께서 이루신 하나님의 의가 우리에게 전가되었다.

바울의 말처럼, 우리는 허무한 데 굴복하게끔 되어 있다: "피조물이 허무한 데 굴복하는 것은 자기 뜻이 아니요 오직 굴복하게 하시는 이로 말미암음이라"(로마서 8장 20절). 우리는 피조물로서 약한 존재이다. 우리는 약한 피조물로서 언젠가 우리의 삶이 끝난다. 그래서 우리는 하나님으로부터 새로운 몸을 입는 회복을 소망해야 한다. 이것이 부활의 소망이다. 구원 안에 부활의 소망이 있다. 성경적 영성은 신학적으로 그리스도의 십자가와 부활이 그 핵심에 있다.

끝으로, 우리는 구원의 은혜를 세상의 다른 사람들에게 전함으로 하나님 나라를 확장해 나가야 한다. 우리의 이 사명은 특별히 세상이 혼란스럽고 죄악될 때 종말의 영성을 철저히 수련함으로서 이루어 낼 수 있다.

성경적 영성은 다음과 같이 간략하게 요약해 볼 수 있다.

성자	성령	성부
십자가를 통한 정화	말씀의 조명	연합을 통한 하나님의 형상

부록

1. 성령에 관한 질문지(2)
2. 신약성경의 성령구절

부록

성령에 관한 질문지(2)

○
●

성령에 관한 질문지(2)는 질문지(1)에 덧붙여 성령에 관해 좀 더 깊이 묻는 질문이다. 이 질문지는 총 26개의 질문들로 구성되어 있으며 개략적으로 아래의 내용들로 구성되어 있다.

	문항	전혀 아니다	대체로 아니다	대체로 그렇다	매우 그렇다
		1	2	3	4
1	나는 보혜사의 의미를 안다.				
2	나는 성령에 관해 더 많이 설교하고 교육해야 한다고 생각한다.				
3	나는 성령에 관한 성경말씀들이 이해하기 어렵다.				

	문항	전혀 아니다	대체로 아니다	대체로 그렇다	매우 그렇다
		1	2	3	4
4	나는 성령이 항시 불같이, 바람같이 임한다고 생각한다.				
5	나는 성령의 인도로 삶의 위기를 극복할 수 있다고 생각한다.				
6	나는 성령임재의 신체적 현상(떨림, 뜨거움 등)에 대한 바른 이해를 가지고 있다.				
7	나는 성령임재의 심리적/영적 현상(환희, 환상 등)에 대한 바른 이해를 가지고 있다.				
8	나는 성령께서 말씀대로 살 수 있는 능력을 주신다고 생각한다.				
9	나는 성령받은 사람들이 대체로 비윤리적이라고 생각한다.				
10	나는 일상적인 삶 속에서 성령이 역사하신다고 믿는다.				
11	나는 구약시대에 성령사역이 행해졌다고 생각한다.				
12	나는 성령에 대해서 깊이 알면 위험하다는 생각이 든다.				
13	나는 성령이 우리의 신앙과 삶에서 소외되어 있다는 느낌이 든다.				

	문항	전혀 아니다	대체로 아니다	대체로 그렇다	매우 그렇다
		1	2	3	4
14	나는 성자와 성령의 사역 간에 공통점과 상이점이 무엇인지 알고 있다.				
15	나는 성령에 관한 지식은 신앙에 큰 도움이 되지 않는다고 생각한다.				
16	나는 지금이 성령시대로서 오직 성령께서만 사역한다고 믿는다.				
17	나는 성령의 능력으로 속 사람이 변화되어 감을 느낀다.				
18	나는 내가 예수 그리스도를 만나게 된 것은 성령을 통해서임을 안다.				
19	나는 성령께서 지, 정, 의의 인격을 가지고 있음을 안다.				
20	나는 성령께서 성경을 통해서만 계시한다고 생각한다.				
21	나는 성령을 통해서 예수 그리스도를 더욱 알고 사랑함을 느낀다.				
22	나는 성령의 다양한 사역을 말할 수 있다.				
23	나는 성령께서 예수 그리스도를 가르치고 증거함을 안다.				

	문항	전혀 아니다	대체로 아니다	대체로 그렇다	매우 그렇다
		1	2	3	4
24	나는 성령이 초대교회에서 강력하게 역사한 것처럼 지금 역사하지 않는다고 생각한다.				
25	나는 성령의 능력으로 치유받을 수 있다고 믿는다.				

- 성령의 본성: 1, 4, 15, 16, 19, 23
- 성령의 사역: 10, 11, 14, 18, 22
- 성령의 은사와 열매: 8, 9, 17
- 성령체험: 5, 6, 7, 25
- 성령과의 교제: 13, 20, 21
- 성령에 관한 교육: 2, 3, 12, 24

이 질문들의 점수 계산은 다음과 같다. 전혀 아니다: 1점, 대체로 아니다: 2점, 대체로 그렇다: 3점, 매우 그렇다: 4점. 그러나 3, 4, 9, 12, 15, 16, 24의 질문들은 역으로 점수가 주어진다. 매우 그렇다: 1점, 대체로 그렇다: 2점, 대체로 아니다: 3점, 전혀 아니다: 4점.

부록
신약성경의 성령 구절

○
●

I 복음서의 성령 구절

1. 예수 그리스도 이전

마리아(눅 1:35)가 성령의 충만함을 받아 찬양하고 엘리사벳과 사가랴가 성령의 충만함(눅 1:41, 67)을 받고 사가랴가 예언하다(세례요한에 대하여)

예루살렘의 시므온에게 성령이 임하시고(눅 2:25), 성령의 지시를 받고(눅 2:26)

성령의 감동으로 성전에 들어가서(눅 2:27), 아기 예수를 안고 하나님을 찬송(눅 2:28)

세례요한:

이는 그가 주 앞에 큰 자가 되며 포도주나 독한 술을 마시지 아니하며 모태로부터 성령의 충만함을 받아(눅 1:15)

나는 너희에게 물로 세례를 베풀었거니와 그는 너희에게 성령으로 세례를 베풀리라(막 1:8)

요한이 또 증언하여 이르되 내가 보매 성령이 비둘기 같이 하늘로부터 내려와서 그의 위에 머물렀더라(요 1:32)

나도 그를 알지 못하였으나 나를 보내어 물로 세례를 베풀라 하신 그이가 나에게 말씀하시되 성령이 내려서 누구 위에든지 머무는 것을 보거든 그가 곧 성령으로 세례를 베푸는 이인 줄 알라 하셨기에(요 1:33)

2. 예수 그리스도

곧 물에서 올라오실새 하늘이 갈라짐과 성령이 비둘기 같이 자기에게 내려오심을 보시더니(막 1:10, 마 3:16, 눅 3:22)

성령이 곧 예수를 광야로 몰아내신지라(막 1:12)

성령에게 이끌리어 40일 동안 마귀에게 시험받으시다(마 4:1, 눅 4:1-2)

예수께서 성령의 능력으로 갈릴리에 돌아가시니 그 소문이 사방에 퍼졌고(눅 4:14)

주의 성령이 내게 임하셨으니 이는 가난한 자에게 복음을 전파하시려고 내게 기름을 부으시고 나를 보내사 포로 된 자에게 자유를, 눈 먼 자

에게 다시 보게 함을 전파하며 눌린 자를 자유롭게 하고(눅 4:18)

보라 내가 택한 종 내 마음에 기뻐하는 바 내가 사랑하는 자로다 내가 내 영을 그에게 줄 터이니 그가 심판을 이방에 알게 하리라(마 12:18)

누구든지 성령을 모독하는 자는 영원히 사하심을 얻지 못하고 영원한 죄가 되느니라 하시니(막 3:29, 마 12:31)

또 누구든지 말로 인자를 거역하면 사하심을 얻되 누구든지 말로 성령을 거역하면 이 세상과 오는 세상에서도 사하심을 얻지 못하리라(마 12:32)

다윗이 성령에 감동되어 친히 말하되 주께서 내 주께 이르시되 내가 네 원수를 네 발 아래에 둘 때까지 내 우편에 앉았으라 하셨도다 하였느니라(막 12:36, 마 22:43)

사람들이 너희를 끌어다가 넘겨 줄 때에 무슨 말을 할까 미리 염려하지 말고 무엇이든지 그때에 너희에게 주시는 그 말을 하라 말하는 이는 너희가 아니요 성령이시니라(막 13:11, 눅 12:12)

그러나 내가 하나님의 성령을 힘입어 귀신을 쫓아내는 것이면 이미 하나님의 나라가 너희에게 임하였느니라(마 12:28)

그때에 예수께서 성령으로 기뻐하시며 이르시되 천지의 주재이신 아버지여 이것을 지혜롭고 슬기 있는 자들에게는 숨기시고 어린이들에게는 나타내심을 감사하나이다 옳소이다 이렇게 된 것이 아버지의 뜻이니이다(눅 10:21)

너희가 악할지라도 좋은 것을 자식에게 줄 줄 알거든 하물며 너희 하늘 아버지께서 구하는 자에게 성령을 주시지 않겠느냐(눅 11:13)

예수께서 대답하시되 진실로 진실로 네게 이르노니 사람이 물과 성령으로 나지 아니하면 하나님 나라에 들어갈 수 없느니라(요 3:5)

육으로 난 것은 육이요 영으로 난 것은 영이니(요 3:6)

바람이 임의로 불매 네가 그 소리는 들어도 어디서 와서 어디로 가는지 알지 못하나니(바람처럼) 성령으로 난 사람도 다 그러하니라(요 3:8)

하나님이 보내신 이는 하나님의 말씀을 하나니 이는 하나님의 성령을 한량없이 주심이니라(요 3:34)

(그 배에서 생수의 강이 흐름)이는 그를 믿는 자들이 받을 성령을 가리켜 말씀하신 것이라(예수께서 아직 영광을 받지 않으셨으므로 성령이 아직 그들에게 계시지 아니하시더라) (요 7:39)

내가 아버지께 구하겠으니 그가 또다른 보혜사를 너희에게 주사 영원토록 너희와 함께 있게 하리니 그는 진리의 영이라 세상은 능히 그를 받지 못하나니 이는 그를 보지도 못하고 알지도 못함이라 그러나 너희는 그를 아나니 그는 너희와 함께 거하심이요 또 너희 속에 계시겠음이라(요 14:16-17).

보혜사 곧 아버지께서 내 이름으로 보내실 성령 그가 너희에게 모든 것을 가르치고 내가 너희에게 말한 모든 것을 생각나게 하리라(요 14:26)

내가 아버지께로부터 너희에게 나오시는 진리의 성령이 오실 때에 그가 나를 증언할 것이요(요 15:26)

그러나 진리의 성령이 오시면 그가 너희를 모든 진리 가운데로 인도하시리니 그가 스스로 말하지 않고 오직 들은 것을 말하며 장래 일을 너희에게 알게 하시리라(요 16:13)

이 말씀을 하시고 그들을 향하사 숨을 내쉬며 이르시되 성령을 받아라 너희가 누구의 죄든지 사하면(그들을 향하사)사하여 질 것이요 누구의 죄든지 그대로 두면 그대로 있으리라 하시니라(요 20:22-23)

그러므로 너희는 가서 모든 민족을 제자로 삼아 아버지와 아들과 성령의 이름으로 세례를 베풀고(마 28:19)

Ⅱ 사도행전의 성령 구절

1. 삼위 하나님의 사역

2:33 하나님이 오른손으로 예수를 높이시매 그가 약속하신 성령을 아버지께 받아서 너희가 보고 듣는 이것을 부어주셨느니라

10:38 하나님이 나사렛 예수에게 성령과 능력을 기름 붓듯 하셨으매 그가 두루 다니시며 선한 일을 행하시고 마귀에게 눌린 모든 사람을 고치셨으니 이는 하나님이 함께 하셨음이라

15:8 또 마음을 아시는 하나님이 우리에게와 같이 그들에게도 성령을 주어 증언하시고(사도공회의 베드로연설)

15:11 그러나 우리는 그들이 우리와 동일하게 주 예수의 은혜로 구원 받은 줄을 믿노라 하니라

2. 예수 그리스도와 성령의 협동 사역

1:2 그가 택하신 사도들에게 성령으로 명하시고 승천하신 날까지의 일을 기록하였노라

1:5 요한은 물로 세례를 베풀었으나 너희는 몇 날이 못 되어 성령으로 세례를 받으리라 하셨느니라

1:7-8 이르시되 때와 시기는 아버지께서 자기의 권한에 두셨으니 너희가 알바 아니요 오직 성령이 너희에게 임하시면 너희가 권능을 받고 예루살렘과 온 유대와 사마리아와 끝까지 이르러 내 증인인 되리라 하시니라

3. 성령께서 친히 말씀하심

8:29 성령이 빌립더러 이르시되 이 수레로 가까이 나아가라 하시거늘

10:19-20 베드로가 그 환상에 대하여 생각할 때에 성령께서 그에게 말씀하시되 두 사람이 너를 찾으니

11:12 성령이 내게 명하사 아무 의심 말고 함께 가라 하시매 이 여섯 형제도 나와 함께 가서 그 사람의 집에 들어가니

13:2 주를 섬겨 금식할 때에 성령이 이르시되 내가 불러 시키는 일을 위하여 바나바와 사울을 따로 세우라 하시니

21:11 (이가보)우리에게 와서 바울의 띠를 가져다가 자기 수족을 잡아매고 말하기를 성령이 말씀하시되 예루살렘에서 유대인들이 이 같이 이

띠 임자를 결박하여 이방인의 손에 넘겨주리라 하거늘

4. 성령의 사역

1:16 형제들아 성령이 다윗의 입을 통하여 예수 잡는 자들의 길잡이가 된 유다를 가리켜 미리 말씀하신 성령이 응하였으니 마땅하도다

5:32 우리는 이 일에 증인이요 하나님이 자기에게 순종하는 사람들에게 주신 성령도 그러하니라 하더라

9:31 그리하여 온 유대와 갈릴리와 사마리아 교회가 평안하여 든든히 서 가고 주를 경외함과 성령의 위로로 진행하여 수가 더 많아지니라

13:4 두 사람이(바나나와 사울) 성령의 보내심을 받아 실루기아에 내려가 거기서 배타고 구브로에 가서

15:28 성령과 우리는 (예루살렘교회)이 요긴한 것들 외에는 아무 짐도 너희에게 지우지 아니 하는 것이 옳은 줄 알았노니

16:6-7 성령이 아시아에게 말씀을 전하지 못하게 하시거늘 그들이 브루기아와 갈라디아 땅으로 다녀가 무시아 앞에 이르러 비두니아로 가고자 애쓰되 예수의 영이 허락하지 아니 하는지라

20:23 오직 성령이 각 성에서 내게 증언하여 결박과 환난이 나를 기다린다 하시나

20:28 여러분은 자기를 위하여 또는 온 양떼를 위하여 삼가라 성령이 그들 가운데 여러분을 감독자로 삼고 하나님이 자기 피로 사신 교회를

보살피게 하셨느니라

28:25 서로 맞지 아니하여 흩어질 때에 바울이 한 말로 이르되 성령이 선지자 이사야를 통하여 너희 조상들에게 말씀하신 것이 옳도다

5. 성령의 임재(예언과 안수를 통한)

2:17-18 하나님이 말씀하시기를 말세에 내가 내 영을 모든 육체에 부어주리니 너희의 자녀들은 예언할 것이요 너희의 젊은이들은 환상을 보고 너희의 늙은이들은 꿈을 꾸리라

2:38 베드로가 이르되 너희가 회개하여 각각 예수 그리스도의 이름으로 세례를 받고 죄 사함을 받으라 그리하면 성령의 선물을 받으리니

8:15 그들이(베드로와 요한) 내려가서 그들을(사마리아인들) 위하여 성령받기를 기도하니

8:16-17 이는 아직 한 사람에게도 성령 내리신 일이 없고 오직 주 예수의 이름으로 세례만 받을 뿐이더라 이에 두 사도(베드로와 요한)가 그들에게 안수하여 성령을 받는지라

8:18-19 시몬(마술사)이 사도들의 안수로 성령 받는 것을 보고 돈을 드려 이르되 이 권능을 내게도 주어 누구든지 내가 안수하는 사람은 성령을 받게 하여 주소서 하니

10:44-47 베드로가 이 말을 할 때에 성령이 말씀 듣는 모든 사람에게 내려오시니 베드로와 함께 온 할례 받은 신자들이 이방인들에게도 성

령 부어주심으로 말미암아 놀라니 이는 방언을 말하며 하나님 높임을 들음이러라 이에 베드로가 이르되 이 사람들이 우리와 같이 성령을 받았으니 누가 능히 물로 세례 베풂을 금하리요 하고

11:15-16 내가 말을 시작할 때에 성령이 그들에게 임하시기를 처음 우리에게 하신 것과 같이 하는지라 내가 주의 말씀에 요한은 물로 세례를 베풀었으나 너희는 성령으로 세례를 받으리라 하신 것이 생각났노라

19:2 (바울이)이르되 너희가 믿을 때에 성령을 받았느냐 이르되 아니라 우리는 성령이 계심도 듣지 못하였노라

6. 성령의 충만함을 받은 사람들과 그들의 사역

2:4 그들이(약 120명)다 성령의 충만함을 받고 성령이 말하게 하심을 따라 다른 언어들로 말 하기를 시작하니라

2:14-36 베드로가 열한 사도와 함께 서서 소리를 높여 이르되 ... (베드로의 설교)

3:1-26 베드로와 요한의 기적적인 치유사역과 베드로의 설교

4:8 이에 베드로가 성령이 충만하여 이르되 백성의 관리들과 장로들이(베드로의 변증)

6:3 형제들아 너희 가운데서 성령과 지혜가 충만하여 칭찬받는 사람 일곱을 택하라 우리가 이 일을 그들에게 맡기고(집사직분)

6:5 온 무리가 이 말을 기뻐하여 믿음과 성령이 충만한 사람 스데반

과 또 빌립과 브로고로와 니가노르와 디몬과 바메나와 유대교에 입교했던 안디옥 사람 니골라를 택하여(집사직)

6:10 스데반이 지혜와 성령으로 말함을 그들이(유대인들)능히 당하지 못하여

7:51 (스데반의 설교)목이 곧고 마음과 귀에 할례를 받지 못한 사람들아 너희도 너희 조상과 같이 항상 성령을 거스르는도다

7:55-56 스데반이 성령 충만하여 하늘을 우러러 주목하여 하나님의 영광과 및 예수께서 하나님 우편에 서신 것고 말하되 보라 하늘이 열리고 인자가 하나님 우편에 서신 것을 보노라 한 대

9:17-18 아나니아가 떠나 그 집에 들어가서 그에게 안수하여 이르되 형제 사울아 주 곧 네가 오는 길에서 나타나셨던 예수께서 나를 보내어 너로 다시 보게 하시고 성령으로 충만하게 하신다 하니

11:24 바나바는 착한 사람이요 성령과 믿음이 충만한 사람이라 이에 큰 무리가 주께 더하여지더라

11:25 바나바가 사울을 찾으러 다소에 가서

11:28 그 중에 아가보나 하는 한 사람이 일어나 성령으로 말하되 천하에 큰 흉년이 들더라 하더니 글라우디오 때에 그렇게 되니라

13:9 바울이라고 하는 사울이 성령이 충만하여 그(마술사 엘루마)를 주목하고(엘루마를 질책하고 그의 눈을 멀게 함)

13:52 (이방인 신자들)제자들은 기쁨과 성령이 충만하니라

20:22 보라 이제 나는 성령에 매여 예루살렘으로 가는데 거기서 무슨 일을 당할는지 알지 못하노라

21:4 제자들을 찾아 거기서 이레를 머물더니 그 제자들이 성령의 감동으로 바울더러 예루살렘에 들어가지 말라 하더라

Ⅲ 바울서신의 성령 구절

1. 성부 하나님, 예수 그리스도와 성령의 협동 사역

하나님께서 그리스도로 말미암아(갈 3:5), 즉 그리스도의 간구로(요 14:16) 성령을 보내 주셨다(살전 4:8, 딛 3:6).

하나님께서 성령으로 인치시고 보증으로 성령을 주셨다〔고후 1:22, 몸의 속량의 보증(고후 5:5), 우리 기업의 보증(엡1:13-14)〕.

하나님께서 그 아들의 영(양자의 영)을 보내사 우리로 하여금 아빠 아버지라 부르게(기도하게) 하시고(갈 4:6, 롬 8:15), 예수를 주님이라 고백하게 하신다(고전 12:3).

하나님께서 지혜와 계시의 영을 주사(엡 1:17) 은밀한 하나님의 지혜를 보이시고(고전 2:10) 그리스도의 비밀(이방선교)을 나타내셨다(엡 3:5).

하나님께서 그리스도를 영으로 의롭다하시고(딤전 3:16) 우리 마음판에 그리스도의 편지를 성령으로 쓰셨다(고후 3:3).

각 사람에게 성령을 나타내심은 유익하게 하려 하심이다(고전 12:7).

2. 성령의 사역

성령께서 말씀하시고(딤전 4:1) 하나님의 일을 아시고(고전 2:11), 통달하시고(고전 2:10), 가르치시고(고전 2:13), 인도하시고(롬 8:14), 간구하시고(롬 8:26, 27), 도우시고(롬 8:26, 빌 1:19), 살리시고(고후 3:6), 우리 영과 더불어 하나님의 자녀임을 증언하신다(롬 8:16).

성령으로 말미암아 하나님의 사랑이 부은바 되고(롬 5:5), 생명의 성령의 법이 우리를 죄와 사망의 법에서 해방시킨다(롬 8:2).

하나님의 나라는 성령 안에 있는 의와 평강과 희락이다(롬 14:17).

하나님의 영이 너희 안에 거하시면 그의 영으로 말미암아 너희 죽을 몸도 살리시리라(롬 8:11).

바울의 전도는 성령의 나타나심과 능력으로 이루어지고(고전 2:4, 롬 15:19), 바울은 성령의 사랑으로 권한다(롬 15:30).

3. 성도의 삶

성령은 한 분이시기에(엡 4:4) 우리는 한 성령을 마시고(고전 12:13), 한 성령이 이 모든 일(은사들을 주심)을 행하시고(고전 12:11), 한 성령 안에서 아버지께 나아가고(엡 2:18), 성령 안에서, 그리스도 안에서 함께 지어져 가고(엡 2:22), 평안의 매는 줄로 성령이 하나 되게 하신 것을 힘써 지킨다(엡 4:3).

성령께서 너희 안에 계시니(고전 3:16, 딤후 1:4), 너희는 성령의 전이다(고전 6:19).

주의 영이 계신 곳에는 자유함이 있고(고후 3:17), 그의 성령으로 말미암아 속사람을 능력으로 강건케 하시고(엡 3:16), 그와 같은 형상으로 변화한다(고후 3:18). 그래서 그리스도의 영이 없으면 그리스도인이 아니다(롬 8:9).

성령을 받은 것은 듣고 믿음으로다(갈 3:2, 고전 2:12).

성령을 따라 난 자로서(갈 4:29), 성령의 기쁨으로 말씀 받고(살전 1:6), 성령의 감화 받고(고후 6:6), 성령으로 시작하며(갈 3:5),

성령의 인도하시는 바가 되면(갈 5:18), 성령의 열매가 맺히며(갈 5:22),

성령의 약속을 받고(갈 3:14), 성령의 거룩하게 하심(살후 2:13)과 성령의 새롭게 하심을 입고(딛 3:5), 성령을 따라 행하고(갈 5:16), 성령의 새로운 것으로 섬기며(롬 7:6),

성령을 위하여 심는 자는 성령으로 부터 영생을 거두며(갈 6:8), 성령의 능력으로 소망이 넘친다(롬 15:13).

성령 안에서 씻음 받고(고전 6:11), 거룩하게 되고(롬 15:16), 기도하고(엡 6:18), 증언하고 (롬 9:1), 사랑을 알게 되고(골 1:8), 거하실 처소가 되어간다(엡 2:22).

성령으로 세례 받고(고전 12:13), 충만하고(엡 5:18), 행하고(갈 5:16, 5:25), 기다리고(갈 5:5), 살고(갈 5:25), 봉사한다(빌 3:3).

그리스도인들은 성령의 교제를 하며(빌 2:1), 성령의 교통이 있으며(고후 13:13),

성령의 직분을 가지며(고후 3:8), 성령의 일들을 하고(고전 2:14),
마귀와 대적하기 위해 성령의 검 곧 하나님의 말씀을 가지며(엡 6:17),
성령의 처음 익은 열매를 받은 성도도 탄식하며(롬 8:23),
육체의 소욕은 성령을 거스리고 성령은 육체를 거스리며(갈 5:17),
성령을 근심하게도(엡 4:30), 소멸하지도 말아야 한다(살전 5:19).

IV 히브리서와 일반서신의 성령 구절

1. 히브리서

2:4 하나님의 표적들과 기사들과 여러 가지 능력과 자기의 뜻에 따라 성령이 나누어주신 것으로써 그들과 함께 증언하셨느니라

3:7 그러므로 성령이 이르신 바와 같이 오늘 너희가 그의 음성을 듣거든

6:4 한 번 빛을 받고 하늘의 은사를 맛보고 성령에 참여한 바 되고

9:8 성령이 이로써 보이신 것은 첫 장막이 서 있을 동안에는 성소에 들어가는 길이 아직 나타나지 아니한 것이라

9:14 하물며 영원하신 성령으로 말미암아 흠없는 자기를 하나님께 드

린 그리스도의 피가 어찌 너희 양심을 죽은 행실에서 깨끗하게 하고 살아 계신 하나님을 섬기게 하지 못하겠느냐

10:15 또한 성령이 우리에게 증언하시되

10:29 하물며 하나님의 아들을 짓밟고 자기를 거룩하게 한 언약의 피를 부정한 것으로 여기고 은혜의 성령을 욕되게 하는 자가 당연히 받을 형벌은 얼마나 더 무겁겠느냐 너희는 생각하라

2. 베드로전서

1:2 곧 하나님 아버지의 미리 아심을 따라 성령이 거룩하게 하심으로 순종함과 예수 그리스도의 피 뿌림을 얻기 위하여 택하심을 받은 자들에게 편지하노니 은혜와 평강이 너희에게 더욱 많을지어다

1:12 이 섬긴 바가 자기를 위한 것이 아니요 너희를 위한 것임이 계시로 알게 되었으니 이것은 하늘로부터 보내신 성령을 힘입어 복음을 전하는 자들로 이제 너희에게 알린 것이요 천사들도 살펴 보기를 원하는 것이니라

4:14 너희가 그리스도의 이름으로 치욕을 당하면 복 있는 자로다 영광의 영 곧 하나님의 영이 너희 위에 계심이라

3. 요한일서

3:24 그의 계명을 지키는 자는 주 안에 거하고 주는 그의 안에 거하시나니 우리에게 주신 성령으로 말미암아 그가 우리 안에 거하시는 줄을 우리가 아느니라

4:2 이로써 너희가 하나님의 영을 알지니 곧 예수 그리스도께서 육체로 오신 것을 시인하는 영마다 하나님께 속한 것이요

4:13 그의 성령을 우리에게 주시므로 우리가 그(하나님) 안에 거하고 그가 우리 안에 거하시는 줄을 아느니라

5:8 (증언하는 이가 셋)성령과 물과 피라 이 셋은 합하여 하나이니라

4. 유다서

1:19 이 사람들은 분열을 일으키는 자며 육에 속한 자며 성령이 없는 자니라

1:20 사랑하는 자들아 너희는 너희의 지극히 거룩한 믿음 위에 자신을 세우며 성령으로 기도 하며

V. 요한계시록의 성령 구절

1:10 주의 날에 내가 성령에 감동되어 내 뒤에서 나는 나팔 소리 같은 큰 음성을 들으니

2:7 귀있는 자는 성령이 교회들에게 하시는 말씀을 들을지어다 (2:11,17,29, 3:6,3,22)

4:2 내가 곧 성령에 감동되었더니 보라 하늘에 보좌를 베풀었고 그 보좌위에 앉으신 이가 있는데

14:13 또 내가 들으니 하늘에서 음성이 나서 이르되 기록하라 지금 이후로 주 안에서 죽은 자들은 복이 있도다 하시매 성령이 이르시되 그러하다 그들이 수고를 그치고 쉬리니 이는 그들의 행한 일이 따름이라 하시더라 성령이 이르시되 그러하다

17:3 곧 성령으로 나를 데리고 광야로 가니라 내가 보니 여자가 붉은 빛 짐승을 탔는데 그 짐승의 몸에 하나님을 모독하는 이름들이 가득하고 일곱 머리와 열 뿔이 있으며

22:17 성령과 신부가 말씀하시기를 오라 하시는도다 듣는 자도 오라 할 것이요 목마른 자도 올 것이요 또 원하는 자는 값없이 생명수를 받으라 하시더라

저자 소개

오우성

서울대학교(B. B. A.)
프린스턴 신학대학원(M. Div)
드류대학교(Ph. D)
계명대학교 명예교수, 대봉교회 협동목사
기독영성상담연구소장, 한국성서학회 이사장

최근 저서
요한계시록 이야기(대한기독교서회, 2013)
성경 이야기 상담(공저)(시그마프레스, 2014)
요한의 영성(계명대학교출판부, 2016)
바울의 영성신학(빛을여는책방, 2018)

박민수

고신대학교 신학과(B. A.)
고신대학교 신학대학원(M. Div)
계명대학교 교육대학원 상담심리(M. A.)
계명대학교 일반대학원 기독교상담(Ph. D)
계명대학교 기독교학과 교수
대구성동교회 협동목사
기독교영성상담연구소 부소장

최근 저서
마음을 움직이는 커뮤니케이션 기법(시그마북스, 2014)
성경 이야기 상담(공저)(시그마프레스, 2014)
성경 이야기 상담 가이드북(공저)(시그마프레스, 2015)
다음 세대를 품는 집단상담 수련회(시그마프레스, 2016)
심리상담 프로그램 개발(시그마프레스, 2019)